Kohlhammer

Kompass Recht

herausgegeben von Dieter Krimphove

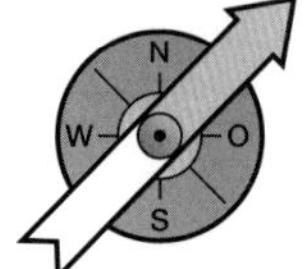

Steuerrecht I

Bewertungsrecht, Erbschaftsteuerrecht, Grundsteuer

von

Professor Walter Mayer
Duale Hochschule Baden-Württemberg Mannheim

Verlag W. Kohlhammer

 **Inhalt der beiliegenden CD-ROM:**
- Gesetzestexte, sonstige Normtexte
- Entscheidungen
- Weiterführende Informationen und Abbildungen
- Interaktiver Fall aus der Steuerberater-Prüfung
- Multiple-Choice-Test
- Hörfassung des Buchinhalts in MP3 (DAISY)

Die in dem Werk verwendeten Symbole bedeuten:

 = Prüfungstipps für Studenten

 = Tipps für Praktiker

 = Gesetzestext

 = Weiterführender bzw. ergänzender Text auf der CD-ROM

Der Text sämtlicher im Buchtext zitierter Artikel und Paragraphen der in Bezug genommenen Normen sind auf der beiliegenden CD-ROM enthalten.

Gesamtherstellung: W. Kohlhammer Druckerei GmbH + Co. KG, Stuttgart
Printed in Germany

ISBN: 978-3-17-020935-0

Vorwort

Die Reihe **Kompass Recht** wurde mit dem Ziel geschaffen, die Inhalte und Fragestellungen des Rechts darzustellen, die für Studenten prüfungsrelevant und zugleich für Praktiker im Berufsalltag grundlegend sind. Das Steuerrecht ist zumindest nach seiner wirtschaftlichen Bedeutung ein wesentlicher Teil dieses Rechts.
Aus aktuellem Anlass beschäftigt sich der vorliegende erste Band des Steuerrechts mit den Vorschriften des Erbschaftsteuerrechts. Das Bundesverfassungsgericht hat mit seinem grundlegenden Urteil vom 7.11.2006 festgestellt, dass das bisherige Erbschaftsteuerrecht mit dem Grundgesetz nicht vereinbar ist. Es hat den Gesetzgeber aufgefordert, eine Neufassung des Gesetzes zu verabschieden. Der Gesetzgeber hat dieses Gesetz nach langer Diskussion zum 1.1.2009 auf den Weg gebracht. Auf massive Kritik hin hat der Gesetzgeber zum Ende des Jahres 2009 das Gesetz rückwirkend geändert. Die nachfolgende Ausarbeitung berücksichtigt bereits diese Änderungen des sog. Wachstumsbeschleunigungsgesetzes. In der Ausbildung stehende Steuerberater und Juristen, aber auch in der Praxis tätige Rechtsanwälte und Steuerberater müssen sich nun in kürzester Zeit mit dem Gesetz vertraut machen.
Der vorliegende Band gibt einen Überblick über das neue Erbschaftsteuergesetz und das für die Wertermittlung ebenfalls geänderte Bewertungsgesetz. Anhand von Tabellen und Beispielen wird das gesamte Bewertungsrecht und Erbschaftsteuerrecht erläutert, nicht nur in seinen geänderten Teilen, weil durch die Änderungen auch formal gleich gebliebene Vorschriften im Zusammenhang mit den neuen Vorschriften eine wesentlich andere Bedeutung erlangt haben.
Das Werk wird ergänzt um einen Überblick über die Vorschriften der Grundsteuer, da dieses Rechtsgebiet üblicherweise zusammen mit dem Bewertungsrecht und dem Erbschaftsteuerrecht geprüft wird.
Die Reihe **Kompass Recht** nutzt konsequent die Möglichkeiten der neuen Medien. Auf der dem Werk beigefügten CD befinden sich neben Literaturhinweisen auch zusätzliche ergänzende Beiträge des Themas, die im Buch keinen Platz mehr finden konnten. Um die Arbeit mit der Gesetzesmaterie zu erleichtern, sind sowohl die Gesetzestexte als auch alle zitierten Urteile und einschlägigen Verwaltungsanweisungen auf der CD beigefügt.
Für die Ausbildung und zum Test des Wissen sind Multiple-Choice-Tests und eine interaktiv zu lösende Klausur beigefügt. Diese Klausur war Teil einer Steu-

erberaterprüfung. Für die Lösung des Klausurfalles wurden auch die entsprechenden Steuererklärungsformulare ausgefüllt und beigegeben.
Für das neue Erbschaftsteuer- und Bewertungsrecht liegen zur Zeit nur in begrenztem Umfang fachliche Ausarbeitungen vor. Namhafte Wissenschaftler halten allerdings auch das neue Recht für nicht verfassungsgemäß. Die vorliegende Darstellung verzichtet bewusst auf eine Auseinandersetzung mit der Verfassungsfähigkeit. Als Steuerberater, der in der täglichen Praxis mit dem Gesetz arbeiten muss, und als Dozent an der Dualen Hochschule Baden Württemberg Mannheim ist es mir ein Anliegen, eine erste Arbeitsgrundlage für die Anwendung in der Praxis und für die Vorbereitung auf Klausuren und Prüfungen zu schaffen.

Mannheim, im Januar 2010 Walter Mayer

Inhaltsverzeichnis

Literaturverzeichnis

Balz, Ulrich; Bordemann, Heinz-Gerd, Vereinfachtes Ertragswertverfahren: Maßvolle Differenzierung anstelle einheitlicher Werte notwendig!, Status:Recht 03/2009, 77.

Birk, Dieter, Steuerrecht, Heidelberg 2004.

Broekelschen, Wiebke; Maiterth, Ralf, Funktionsweise und Verfassungskonformität der neuen steuerlichen Grundstücksbewertung, DStR 17/2009, 833–837.

Creutzmann, Andreas, Unternehmensbewertung im Steuerrecht – Neuregelungen des Bewertungsgesetzes ab 1.1.2009, DB 51/52/2009, 2784–2791.

Crezelius, Georg, Der Entwurf eines Gesetzes zur Reform des Erbschaftsteuer- und Bewertungsrechts (Erbschaftsteuerreformgesetz – ErbStRG), DStR 51–52/2007, 2277–2284.

Drosdzol, Wolf-Dietrich, Erbschaftsteuerreform – Die Bewertung des Grundvermögens nach den gleich lautenden Ländererlasse vom 5.5.2009, DStR 28/2009, 1405–1412.

Eisele, Dirk, Entwurf eines Erbschaftsteuerreformgesetzes nach dem ErbStRG, NWB 51/2007, 4581–4588.

Eisele, Dirk, Entwurf eines Erbschaftsteuerreformgesetzes – Erleichterung der Unternehmensnachfolge sowie sonstige Änderungen des Erbschaft- und Schenkungsteuerrechts, NWB 52/2007, 4701–4709.

Eisele, Dirk, Erbschaftsteuerliches Bewertungsrecht – Verordnungsentwurf zur Neuregelung der Anteils- und Betriebsvermögensbewertung, NWB 10/2008, 791–802.

Eisele, Dirk, Erbschaftsteuerliches Bewertungsrecht – Bewertungsvergleich für Zwecke der Rückanwendungsoption beim Betriebsvermögen, NWB 15/2008, 1287–1295.

Eisele, Dirk, Update Erbschaftsteuerreform nach dem ErbStRG, NWB 50/2008, 4679–4697.

Esskandari, Manzur, Die Besteuerung von Renten, Nutzungen und Leistungen nach dem ErbStG, ZEV 7/2008, 323–328.

Esskandari, Manzur, Steuerwert eines Nießbrauchsrechts an GmbH-Anteilen, NWB 13/2009, 930–935.

Eisele, Dirk, Erbschaftsteuerreform 2009, Herne 2009.

Feick, Martin, Der Abschluss von Poolvereinbarungen nach dem neuen Erbschaftsteuerrecht – Empfehlungen und erste Erfahrung aus der Praxis, DStR 18/2009, 893–897.

Flöter, Silvia; Matern, Christian, Erbschaftsteuerreform: Fehlbewertung von Betriebsvermögen, NWB 19/2008, 1727–1730.

Fürwentsches, Alexander, Übertragung von Privatvermögen nach neuem Erbschaftsteuerrecht, NWB 15/2009, 1098–1114.

Geck, Reinhard, Die Übertragung unter Nießbrauchsvorbehalt nach Aufhebung des § 25 ErbStG durch das ErbStRG, DStR 21/2009, 1005–1010.

Götz, Hellmut, Modifizierte Zugewinngemeinschaft versus § 5 ErbStG, NWB 36/2007, 3157–3168.

Gossert, Ernst, Erben und Vererben ab 2009, SteuerConsultant 1/2009, 18–25.

Gürsching/Stenger, Bewertungsrecht/BewG ErbStG, Kommentar, Loseblattausgabe, Köln.

Halaczinsky, Raymond; Nießbrauch an Betriebsvermögen in der Erbschaftsteuer, NWB 31/2006, 2581–2600.

Halaczinsky, Raymond; Lebensversicherung bei der Erbschaft- und Schenkungsteuer, NWB 38/2007, 3343–3356.

Halaczinsky, Raymond; Riedel, Christopher, Das neue Erbschaftsteuerrecht, 1. Auflage, Bonn 2009.

Handzik, Peter, Die neue Erbschaft- und Schenkungsteuer nach der Erbschaftsteuerreform 2008, 6., völlig neu bearbeitete und wesentlich erweiterte Auflage, Berlin 2009.

Herzig, Norbert; Joisten, Christoph; Vossel, Stephan, Die Vermeidung der Doppelbelastung mit ESt und ErbStG, DB 12/2009, 584–592.

Hannes, Frank; Onderka, Wolfgang; Oertzen von, Christian, ZEV-Report Gesellschaftsrecht/Unternehmensnachfolge, ZEV 6/2008, 280–284.

Horn, Claus-Henrik, Personengesellschaft in der mortalen Unternehmensnachfolge – Gesellschaftsvertragliche und erbrechtliche Optionen, NWB 28/2008, 2643–2654.

Horn, Hendrik, Erbschaftsteuerreform: Wegfall des Wahlrechts für Schenkungen, NWB 8/2008, 601–603.

Huber, Matthias; Reimer, Ekkehart, Mängel bei der Abstimmung von Erbschaftsteuer und Ertragsteuern, DStR 56/2007, 2042–2048.

Hübner, Heinrich, Disquotale Gewinnausschüttungen und Einlagen im Schenkungsteuerrecht – eine unendliche Geschichte, DStR 29/2008, 1357–1362.

Hübner, Heinrich, Erbschaftsteuerreform 2009, München 2009.

Institut der Wirtschaftsprüfer e. V. (Herausgeber), IDW Standards (IDW S), Loseblattausgabe, Düsseldorf.

Kapp/Ebeling, Erbschaftsteuer- und Schenkungsteuergesetz, Kommentar, Loseblattausgabe, Köln.

Knief, Peter, Zur Bewertung von Steuerberaterpraxen ab 1.1.2009, DStR 12/2009, 604-606.

Knoll, Leonard, Erbschaftsteuer: Der lange Schatten des Todes, DB 45/2007, 2439–2441.

Krause, Ingo; Grootens, Mathias, Der Entwurf zur neuen Grundbesitzbewertung – 1.Teil: Unbebaute und bebaute Grundstücke (Regelfälle), BBEV 3/2008, 80–91.

Lahme, Stefan; Zikesch, Eva; Erbschaftsteuerliche Begünstigung von Kapitalgesellschaftsanteilen mittels Poolvereinbarungen, DB 11/2009, 527–532.

Langenmayr, Dominika, Quantitative Steuerbelastungsanalyse der Übertragung von Unternhemensvermögen nach der Erbschaftsteuerreform, DStR 27/2009, 1387–1394.

Lehmann, Daniel; Treptow, Oliver, Zusammensetzung und Diskrepanz der Erbschaft- und Schenkungsteuer 2002, Statistisches Bundesamt, Wirtschaft und Statistik 9/2006, 952–973.

Lüdicke, Jochen; Fürwentsches, Alexander, Das neue Erbschaftsteuerrecht, DB 01-02/2009, 12–18.

Mannek, Wilfried; Jardin, Andreas, Die neue Grundbesitzbewertung, DB 7/2009, 307-315.

Meincke, Jens Peter, Erbschaftsteuer- und Schenkungsteuergesetz, Kommentar, 15., neubearbeitete Auflage, München 2009.

Memento, Steuerrecht für die Praxis, Freiburg i. Br., 2006.

Moench, Dietmar, Stempel, Hartmut, Vermögensübertragungen vor und nach der Erbschaftsteuerreform – Zusammenrechnung mehrerer Erwerbe nach Rechtsänderungen und nach Überschreiten des Zehnjahreszeitraums, DStR 5/2008, 170–173.

Moench, Dietmar; Albrecht, Gerd, Erbschaftsteuerrecht einschließlich Schenkungsteuerrecht und Bewertung, 2., völlig überarbeitete Auflage, München 2009.

Pach-Hasssenheimb, Ferdinand, Erbschaftsteuerreform: Verschonungsabschlag statt Bewertungsvorteile beim Betriebsvermögen – Ein Umdenken bei der Planung der Verteilung des Erbes wird nötig, DStR 20/2008, 957–961.

Pach-Hasssenheimb, Ferdinand, Der Verschonungsabschlag bei gemischten Schenkungen, DStR 10/2009, 466–468.

Piltz, Detlev, Unternehmensbewertung im neuen Erbschaftsteuerrecht, DStR 16/2008, 745–752.

Preißer, Michael; Hegemann, Jürgen; Seltenreich, Stephan, Erbschaftsteuerreform 2009, Freiburg, Berlin, München 2009.

Ramb, Jörg, Die neue Bedarfsbewertung der Grundstücke im Grundvermögen, NWB 27/2009, 2090–2101.

Ramb, Jörg, Die neue Bedarfsbewertung eines Erbbaurechts bzw. Erbbaugrundstücks, NWB 30/2009, 2352–2361.

Ramb, Jörg, Die neue Bedarfsbewertung des Betriebsvermögens, NWB 34/2009, 2672–2686.

Rapach, Arndt, Der Verkehrswert als alleiniger Bewertungsmaßstab für Zwecke der Erbschaft- und Schenkungsteuer, DStR 46/2007, 2037–2042.

Richter, Andreas; Viskorf, Stephan; Philipp, Christoph, Reform der Erbschaftsteuer zum 1.1.2009 – Überblick, Analyse, Gestaltungsempfehlungen, DB Beilage 2/2009, 1–14.

Rödder, Thomas, Das neue Unternehmenserbschaftsteuerrecht – die wesentlichen Prüfungspunkte aus Sicht von Familienunternehmen, DStR 21–22/2008, 997–1002.

Rose, Gerd; Watrin, Christoph, Erbschaftsteuer mit Schenkungsteuer und Bewertungsrecht, Berlin, 2009.

Schmidt, Volker; Schwind, Heike, Durchführung des Verwaltungsvermögenstests (Prüfungsstufe 3 und 4), NWB 28/2009, 2151–2162.

Schmidt, Volker; Schwind, Heike, Lohnsummenkontrolle (Prüfungsstufe 5 Teil I), NWB 31/2009, 2410–2425.

Schmidt, Volker; Ley, Ulrike, Behaltensregelungen und Nachversteuerung (Prüfungsstufe 5 Teil II), NWB 33/2009, 2557–2576.

Schmitz, Rudolf, Handlungsbedarf und Gestaltungsoptionen aufgrund des neuen Erbschaftsteuerrechts, steuer-journal 25–26/2007, 37–46.

Scholten, Gerd; Korezkij, Leonid, Begünstigungen für Betriebsvermögen nach der Erbschaftsteuerreform – Begünstigte Erwerbe und begünstigtes Vermögen, DStR 3/2009, 73–79.

Scholten, Gerd; Korezkij, Leonid, Begünstigungen für Betriebsvermögen nach der Erbschaftsteuerreform – Verwaltungsvermögen, DStR 4/2009, 147–152.

Scholten, Gerd; Korezkij, Leonid, Begünstigungen für Betriebsvermögen nach der Erbschaftsteuerreform – Lohnsummenprüfung, DStR 6/2009, 253–257.

Scholten, Gerd; Korezkij, Leonid, Nachversteuerung nach § 13a und 19a ErbStG als Risiko- und Entschiedungsfaktor, DStR 19–20/2009, 991–1002.
Schulze zur Wische, Richard, Sonderbetriebsvermögen und Verwaltungsvermögenstest nach § 13a und 13b ErbStG, DStR 15/2009, 732–736.
Schumann, Marius, Erbschaftsteuerbefreiung für Familienheime nach der Erbschaftsteuerreform, DStR 5/2009, 197–199.
Schwind, Heike; Schmidt, Volker, Das neue Begünstigungssystem für Betriebsvermögen, NWB 22/2009, 1654–1663.
Schwind, Heike; Schmidt, Volker, Gesellschaftsvertragliche Abfindungsklauseln, NWB 5/2009, 297–305.
Schwind, Heike; Schmidt, Volker, Verwaltungsvermögen – Neuer Stolperstein im Erbschaftsteuergesetz, NWB 9/2009, 609–614.
Spengel, Christoph, Belastungswirkungen der Erbschaftsteuerreform bei der Übertragung von Unternehmensvermögen, DB 3/2008, 86–91.
Stöckel, Reinhard, Übertragung von Grundbesitz an Verwandte der Steuerklassen II und III, NWB 12/2009, 838–840.
Stöckel, Reinhard, Erbschaftsteuer – Steuerbefreiung des eigengenutzten Einfamilienhauses, NWB 17/2009, 1262–1265.
Stützel, Dieter, Befristete Chance zur Erbschaftsteuerersparnis durch Anwendung neuen Rechts, DStR 17/2009, 843–846.
Tipke, Klaus; Lang, Joachim, Steuerrecht, 19., völlig überarbeite Auflage, Köln 2008.
Tipke/Kruse, Abgabenordnung Finanzgerichtsordnung, Kommentar zur AO und FGO, Loseblattausgabe; Köln.
Wälzholz, Eckard, Adoptionen aus steuerrechtlichem Anlass und zivilrechtlicher Sicht, NWB 21/2009, 1591–1599.
Wangler, Clemens, Einfluss des neuen Bewertung- und Erbschaftsteuerrechts auf Abfindungsregelungen in Gesellschaftsverträgen, DStR 30/2009, 1501–1506.
Weber-Grellet, Heinrich, Der Konzernbegriff des § 4h EStG, DStR 12/2009, 557–560.
Winkler, Karl, Das Berliner Testament, NWB 23/2009, 1755–1761.

Abkürzungsverzeichnis

AfA	Absetzung für Abnutzung
AG	Aktiengesellschaft
AktG	Aktiengesetz
AO	Abgabenordnung
BGB	Bürgerliches Gesetzbuch
B.	Beschluss
ber.	berichtigt
BauGB	Baugesetzbuch
BewG	Bewertungsgesetz
BFH	Bundesfinanzhof
BGBl.	Bundesgesetzblatt
BStBl.	Bundessteuerblatt
BVerfG	Bundesverfassungsgericht
DB	Der Betrieb (Zeitschrift)
DBA	Doppelbesteuerungsabkommen
DCF	Discounted Cash Flow
DDR	Deutsche Demokratische Republik
d. h.	das heißt
DStR	Deutsches Steuerecht (Zeitschrift)
E	Ertragszahl(-en)
EBIT	Earnings before interest and taxes
EBT	Earnings before taxes
EBITDA	Earnings before interest taxes depreciation and amortizations
EFH	Einfamilienhaus
EGBGB	Einführungsgesetz zum Bürgerlichen Gesetzbuch
EGE	Betriebsgröße nach der europäischen Größeneinheit
ErbStDV	Erbschaftsteuer-Durchführungsverordnung
ErbStG	Erbschaftsteuer- und Schenkungsteuergesetz
ErbStH	Erbschaftsteuerhinweise
ErbStR	Erbschaftsteuerrichtlinie
ErbStRG	Erbschaftsteuerreformgesetz
ESt	Einkommensteuer
ETW	Eigentumswohnung
EU	Europäische Union
EW	Einheitswert
EWR	Europäischer Wirtschaftsraum
FM	Finanzministerium
GE	Geldeinheit(-en)
GewStG	Gewerbesteuergesetz

ggf.	gegebenenfalls
GmbH	Gesellschaft mit beschränkter Haftung
GmbHG	Gesetz betreffend die Gesellschaften mit beschränkter Haftung
GrEStG	Grunderwerbsteuergesetz
H	Hinweis
HGB	Handelsgesetzbuch
h. M.	herrschende Meinung
Hs.	Halbsatz
IDW	Institut der Wirtschaftsprüfer
i. H. v.	in Höhe von
inkl.	inklusiv(-e)
i. S.	im Sinne
i. S. v.	im Sinne von
i. V. m.	in Verbindung mit
i. Zsh.	im Zusammenhang
KG	Kommanditgesellschaft
KSt	Körperschaftsteuer
L. u. F.	Land- und Forstwirtschaft
l. u. f.	land- und forstwirtschaftlich(es)
max.	maximal
Mio. €	Millionen Euro
ND	Nutzungsdauer
o. Ä.	oder Ähnliches
OFD	Oberfinanzdirektion
R	Richtlinie
RLZ	Restlaufzeit
Rn.	Randnummer
RND	Restnutzungsdauer
sog.	sogenannt(en)
StKl.	Steuerklasse
Tab.	Tabelle
Urt.	Urteil
u. U.	unter Umständen
WEG	Wohnungseigentumsgesetz
z. B.	Zum Beispiel
ZFH	Zweifamilienhaus
z. T.	zum Teil

1. Kapitel **Bewertungsgesetz**

I. Grundlagen

1. Zweck und Anwendung des BewG. Das Bewertungsgesetz sollte die Bewertung der Wirtschaftsgüter für das gesamte Steuerrecht einheitlich regeln. Es enthält gemeinsame Vorschriften für die Steuern, die nach einem ruhenden oder zugewendeten Bestand an Vermögen bemessen werden. Danach regelt es aktuell die Bewertung für die Grundsteuer, die Grunderwerbsteuer und die Erbschaft- und Schenkungsteuer. **1**

→ Weiterführende Informationen: Die Entwicklung des Bewertungsgesetzes

2. Aufbau des Gesetzes **2**

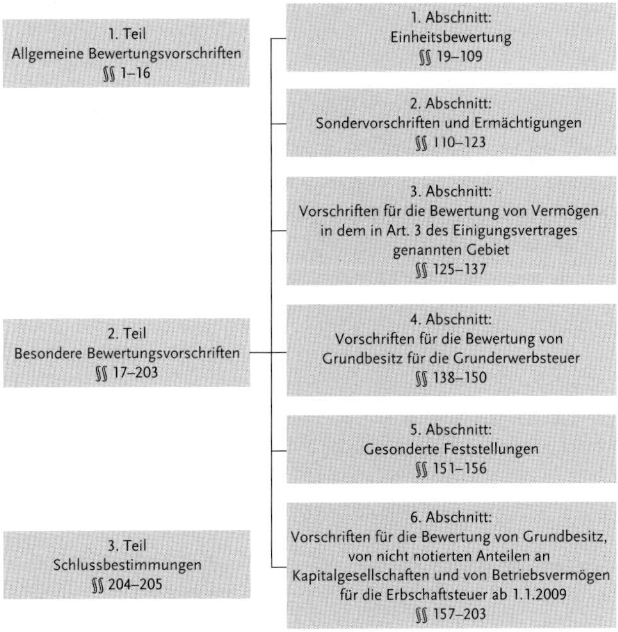

1. Teil
Allgemeine Bewertungsvorschriften
§§ 1–16

2. Teil
Besondere Bewertungsvorschriften
§§ 17–203

- 1. Abschnitt: Einheitsbewertung §§ 19–109
- 2. Abschnitt: Sondervorschriften und Ermächtigungen §§ 110–123
- 3. Abschnitt: Vorschriften für die Bewertung von Vermögen in dem in Art. 3 des Einigungsvertrages genannten Gebiet §§ 125–137
- 4. Abschnitt: Vorschriften für die Bewertung von Grundbesitz für die Grunderwerbsteuer §§ 138–150
- 5. Abschnitt: Gesonderte Feststellungen §§ 151–156
- 6. Abschnitt: Vorschriften für die Bewertung von Grundbesitz, von nicht notierten Anteilen an Kapitalgesellschaften und von Betriebsvermögen für die Erbschaftsteuer ab 1.1.2009 §§ 157–203

3. Teil
Schlussbestimmungen
§§ 204–205

Abb. 1: Aufbau des BewG

3 Das geltende Bewertungsgesetz enthält im **ersten Teil** allgemeine Bewertungsvorschriften. Diese allgemeinen Bewertungsvorschriften in den §§ 2 bis 16 BewG gelten für alle Wertermittlungen für steuerliche Zwecke. Die Anwendung des allgemeinen Teils ist durch den Vorrang anderer Gesetze, die eigene Bewertungsvorschriften enthalten, und durch die Vorschriften des zweiten Teils des Bewertungsgesetzes, in dem besondere Bewertungsvorschriften enthalten sind, eingeschränkt.

4 Der **zweite Teil** des Bewertungsgesetzes ist mehrfach untergliedert.
Der *erste Abschnitt* enthält die Einheitsbewertung. Sie gilt für den Grundbesitz in den alten Bundesländern. Die Einheitswerte für Grundbesitz bilden die Bemessungsgrundlage für die Grundsteuer.

5 Der *zweite Abschnitt* enthält Sondervorschriften und Ermächtigungen. Praktische Anwendung dabei hat § 121 BewG, in dem der Begriff des Inlandsvermögens definiert wird.

6 Der *dritte Abschnitt* wurde nach dem Einigungsvertrag für die Bewertung des Grundbesitzes in den neuen Bundesländern eingefügt. Dies war notwendig, weil in den neuen Bundesländern für den Grundbesitz nur Einheitswerte auf den 1.1.1935 festgestellt worden waren. Die Vorschrift hat ebenfalls nur Bedeutung für die Grundsteuer.

7 Im *vierten Abschnitt* sind die Vorschriften für die Bewertung des Grundbesitzes für die Erbschaftsteuer von 1996 bis 2008 enthalten. Sie gelten auch für die Grunderwerbsteuer. Ab 2009 gelten die Vorschriften dieses Abschnittes nur noch für die Grunderwerbsteuer. Die Bewertung für die Erbschaftsteuer ist in dem neu eingefügten sechsten Abschnitt enthalten.

8 Der *fünfte Abschnitt* handelt von der Durchführung der gesonderten Bewertung des Grundbesitzes, des Betriebsvermögens und der Anteile an Kapitalgesellschaften für die Bemessungsgrundlage der Erbschaftsteuer ab 2009. Der Gesetzgeber sieht darin eine Verwaltungserleichterung für die z. T. weit auseinanderliegenden Erbschaftsteuerfinanzämter. Die gesonderten Feststellungsbescheide sind dabei Grundlagenbescheide für die Festsetzung der Erbschaftsteuer.

9 Der *sechste Abschnitt* wurde durch das Erbschaftsteuerreformgesetz eingefügt. In den Vorschriften dieses Abschnittes wird die Bewertung des land- und forstwirtschaftlichen Vermögens, des Grundvermögens, des Betriebsvermögens und der Anteile an Kapitalgesellschaften geregelt mit dem Ziel, eine Bewertung zum gemeinen Wert (Verkehrswert) zu regeln.

Der **dritte Teil** des Bewertungsgesetzes enthält Schlussbestimmungen. Die unübersichtliche Anwendung des BewG ist in folgender Reihenfolge zu prüfen: **10**

BewG – Prüfungsreihenfolge

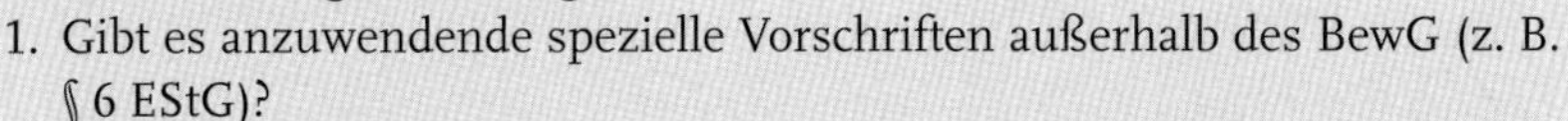

1. Gibt es anzuwendende spezielle Vorschriften außerhalb des BewG (z. B. § 6 EStG)?
2. Verweist ein Steuergesetz ausdrücklich auf die Anwendung des BewG (z. B. § 12 ErbStG)?
3. Gelten besondere Bewertungsvorschriften des 2. Teils des BewG (z. B. §§ 157–203 BewG für die Erbschaftsteuer ab 1.1.2009)?
4. Soweit die Prüfung nach 1–3 nichts anderes ergibt, gelten die allgemeinen Bewertungsvorschriften (§§ 2–16 BewG).

II. Allgemeine Bewertungsvorschriften (§§ 1–16 BewG)

Die allgemeinen Bewertungsvorschriften gelten für alle öffentlich-rechtlichen Abgaben. Sie gelten nicht, soweit im 2. Teil des Gesetzes (§§ 17–203 BewG) für bestimmte Steuern besondere Bewertungsmethoden enthalten sind. Dies ist z. B. für Zwecke der Erbschaftsteuer im 6. Abschnitt des zweiten Teils in den §§ 157–203 BewG geregelt worden. Sie gelten ebenfalls nicht, wenn Bewertungsvorschriften in Einzelsteuergesetzen unmittelbar enthalten sind. Dies gilt z. B. für die Bewertungsvorschriften des Ertragsteuerrechts (Einkommensteuer, Körperschaftsteuer, Gewerbesteuer) oder der Umsatzsteuer. **11**

Jede Bewertung hat von drei Fragestellungen auszugehen: **12**
1. Was wird bewertet? (Gegenstand der Bewertung)
2. Wann wird bewertet? (Zeitpunkt der Bewertung)
3. Wie wird bewertet? (Bewertungsmethode)

1. Der Begriff der wirtschaftlichen Einheit. § 2 BewG befasst sich mit dem „Was" der Bewertung, dem Bewertungsgegenstand. Gegenstand der Bewertung nach § 2 Abs. 1 Satz 1 BewG ist die wirtschaftliche Einheit. Das Bewertungsgesetz enthält keine Begriffsbestimmung. Es geht aber davon aus, dass eine wirtschaftliche Einheit durch die Zugehörigkeit von Wirtschaftsgütern, durch die tatsächliche Nutzung der Wirtschaftsgüter im Wirtschaftsleben, bestimmt wird. Danach besteht eine wirtschaftliche Einheit aus einem oder mehreren Wirt- **13**

schaftsgütern, die einem einheitlichen Zweck dienen und in einem objektiven Funktionszusammenhang stehen.

14 Die wirtschaftliche Einheit ist im Ganzen als Einheit zu bewerten, geregelt in § 2 Abs. 1 Satz 2 BewG. Einzelne Teile bilden lediglich unselbstständige Bewertungsposten. Ihre Summe ist nicht ohne weiteres gleich dem Wert der wirtschaftlichen Einheit. Dieser kann höher oder auch niedriger sein.

15 Bewertet werden nach § 2 Abs. 2 BewG nur die Wirtschaftsgüter, soweit sie einem Eigentümer oder den Eigentümern zugerechnet werden können. Der Eigentumsbegriff ist nach steuerlichen Maßstäben auszulegen. Als Eigentümer gilt auch ein wirtschaftlicher Eigentümer im Sinne von § 39 AO, das Eigentum Mehrerer zu Bruchteilen und das Gesamthandseigentums.

16 **2. Die Berücksichtigung von Bedingungen und Befristungen.** Rechtsgeschäfte werden oft geschlossen mit dem Vorbehalt, dass die Wirkung erst eintreten bzw. wieder wegfallen soll, wenn ein bestimmtes Ereignis eintritt. Dabei ist unsicher, ob dieses Ereignis tatsächlich eintritt. Bedingungen können in zweifacher Form vereinbart sein:

- Eine **aufschiebende Bedingung** liegt vor, wenn die Rechtswirkung erst mit dem Ereignis eintritt.
- Eine **auflösende Bedingung** liegt vor, wenn die Rechtswirkung bei Vertrag beginnen soll, aber mit Eintritt der Bedingung wieder beendet sein soll.

17 Aus dem Rechtsbegriff des § 158 BGB über aufschiebende und auflösende Bedingungen im Zivilrecht ergibt sich, dass nur die Rechtsfolge des Rechtsgeschäftes betroffen ist, nicht die Entstehung der Forderung bzw. Verbindlichkeit. Dem folgt die bewertungsrechtliche Behandlung der Bedingungen und Befristungen. Sie ist in §§ 4 bis 8 BewG geregelt.

18 Ein Erwerb unter einer aufschiebenden Bedingung wird erst berücksichtigt, wenn die Bedingung eintritt (§ 4 BewG). Z. B. tritt eine Schenkung von Todes wegen erst ein, wenn das Ereignis, der Tod des Schenkers, eingetreten ist.
Ein Erwerb unter einer auflösenden Bedingung wird wie ein unbedingtes Rechtsgeschäft behandelt (§ 5 Abs. 1 BewG). Allerdings muss bei Eintritt der Bedingung der Wert des Erwerbes u. U. neu ermittelt werden (§ 5 Abs. 2 BewG). § 5 Abs. 2 BewG gilt dabei nach dem Wortlaut nur für laufend veranlagte Steuern, nach dem Wegfall der Vermögenssteuer nur noch für die Grundsteuer. Für veranlagte Steuern muss daher das jeweilige Steuergesetz eine eigene Regelung enthalten. Dies ist für die Erbschaftsteuer in § 29 ErbStG geschehen.

19 Die folgende Tabelle fasst die Regelungen zu Bedingungen und Befristungen zusammen.

Tab. 1: Aufschiebende und auflösende Bedingungen

Gegenstand	**Bedingung**			
	aufschiebend		**auflösend**	
Erwerb (positive Wirtschaftsgüter)	**§ 4 BewG**		**§ 5 BewG**	
	vor Eintritt	**nach Eintritt**	**vor Eintritt**	**nach Eintritt**
	keine Berücksichtigung	Berücksichtigung ab Eintritt	Berücksichtigung wie unbedingt	§ 5 Abs. 2 BewG tatsächlicher Wert auf Antrag
Lasten	**§ 6 BewG**		**§ 7 BewG**	
	vor Eintritt	**nach Eintritt**	**vor Eintritt**	**nach Eintritt**
	keine Berücksichtigung	Berücksichtigung analog § 5 Abs. 2 BewG § 6 Abs. 2 BewG	Berücksichtigung wie unbedingt § 7 Abs. 1 BewG	Berücksichtigung § 7 Abs. 2 BewG

20

Beispiel:

1. Aufschiebend bedingter Erwerb/bedingte Last.

Der Erblasser E hat in seinem Testament dem Erben A die Verpflichtung auferlegt, dass B aus der Erbschaft 5.000 € zu zahlen hat, wenn B heiratet.

Die Forderung des B gegen A ist aufschiebend bedingt. Berücksichtigung des Erwerbs erst ab Eintritt der Bedingung.

Der Erbe A ist aufschiebend belastet. Berücksichtigung erst ab Eintritt auf Antrag (§ 12 Abs. 1 ErbStG, § 6 Abs. 2, 5 Abs. 2 BewG)

2. Auflösend bedingter Erwerb/bedingte Last.

Der Erblasser E hat bestimmt, dass seine Witwe und Alleinerbin die Hälfte des Nachlasses im Wert von 3 Mio. € an einen Dritten B herausgeben muss, wenn sie wieder heiratet. Die Hälfte des Erbes ist unbedingt, die andere Hälfte ist auflösend bedingt.

Bis zum Eintritt der Bedingung erfolgt die Besteuerung wie ein unbedingter Erwerb, d. h. A versteuert 3 Mio. €. Bei Eintritt der Bedingung erfolgt eine Änderung auf Antrag.

21 **3. Bewertungsbegriffe.** Der Wert einer Sache ist weder eine Eigenschaft der Sache noch überhaupt eine Tatsache, sondern vielmehr eine „Meinungssache" (Hermann Veith Simon, 1898). Einen objektiven, d. h. einzig richtigen Wert eines Wirtschaftsguts gibt es nicht. Das bewertende Subjekt trifft eine Entscheidung, die von den ihm zur Verfügung stehenden Vergleichsmöglichkeiten abhängt. *„Bewerten bedeutet das Zuordnen von Geldeinheiten zu Gütern im Hinblick auf ein bestimmtes Ziel."* (W. Busse von Colbe, 1984). Das Bewertungsgesetz unterscheidet dabei zwischen dem gemeinen Wert, dem Ertragswert und dem Teilwert.

22 **a) Gemeiner Wert.** Das BewG sieht den gemeinen Wert als leitenden Bewertungsmaßstab an, „soweit nichts anderes vorgeschrieben ist" (§ 9 Abs. 2 BewG). Der gemeine Wert wird durch den Preis bestimmt, der im gewöhnlichen Geschäftsverkehr nach der Beschaffenheit des Wirtschaftsgutes bei einer Veräußerung zu erzielen wäre. Dabei sind alle Umstände, die den Preis beeinflussen, zu berücksichtigen. Ungewöhnliche oder persönliche Verhältnisse sind nicht zu berücksichtigen (§ 9 Abs. 2 BewG). Der Abs. 3 des § 9 BewG nennt beispielsweise für nicht zu berücksichtigende Gründe persönliche Verfügungsbeschränkungen, vor allem, wenn sie auf letztwilliger Anordnung beruhen. Als ungewöhnliche Gründe gelten z. B. Notverkäufe oder Verkäufe innerhalb eines Insolvenzverfahrens. Der gemeine Wert ist damit gleichbedeutend mit dem Verkehrswert.

23 Andere im Gesetz genannten Wertbegriffe lassen sich als spezielle Verkörperung des gemeinen Wertes interpretieren, z. B.

- Teilwert (§ 10 BewG)
- Kurswert (§ 11 Abs. 1 BewG)
- Rücknahmepreis (§ 11 Abs. 4 BewG)
- Rückkaufswert (§ 12 Abs. 4 Satz 3 BewG)
- Kapitalwert (§§ 13 ff. BewG)
- Bodenrichtwert (§§ 145 Abs. 3; 179 BewG)

24 **b) Ertragswert.** Im Erwerbsvermögen beeinflussen die erzielbaren Erträge den Verkehrswert. Gleichwohl ist der Ertragswert keine Unterart des Verkehrswertes. Den Verkehrswert beeinflussen auch andere Kriterien (dies zeigt sich z. B. deutlich bei der Bewertung von unbebauten Grundstücken, Edelmetallen oder Kunstgegenständen). Während der Verkehrswert eine Veräußerung als Vergleichsfall heranzieht, bezieht sich der Ertragswert auf den Wert der Nutzung des Wirtschaftsgutes. Der Ertragswert ist daher ein geeigneter steuerlicher Bewertungsmaßstab, wenn der Steuerpflichtigen die Steuern aus den Erträgen bezahlen soll und nicht aus der Substanz.

c) Teilwert (§ 10 BewG). Wirtschaftsgüter, die einem Unternehmen dienen, sind soweit nichts anderes vorgeschrieben ist, mit dem Teilwert anzusetzen. Teilwert ist der Betrag, den ein Erwerber des ganzen Unternehmens im Rahmen des Gesamtkaufpreises für das einzelne Wirtschaftsgut ansetzen würde. Dabei ist von der Fortführung des Unternehmens auszugehen. **25**

4. Wertpapiere und Anteile (§ 11 BewG). § 11 BewG regelt die Bewertung von Wertpapieren und Anteilen an Kapitalgesellschaften. Das Gesetz unterscheidet dabei zwischen verbrieften Anteilen (Wertpapiere), die an einer inländischen Börse notiert sind (börsennotierte Wertpapiere), und anderen Anteilen. **26**

a) Börsennotierte Wertpapiere. An einer deutschen Börse gehandelte Anteile an Kapitalgesellschaften werden nach § 11 Abs. 1 BewG mit dem niedrigsten Kurswert am Bewertungsstichtag angesetzt. Liegt ein solcher Kurswert am Bewertungsstichtag nicht vor, z. B. für einen gesetzlichen Feiertag, dann ist der letzte innerhalb von 30 Tagen vor dem Stichtag notierte Kurs maßgebend. **27**

b) Nicht an einer deutschen Börse gehandelte Wertpapiere werden nach § 11 Abs. 2 BewG mit dem gemeinen Wert bewertet. Lässt sich dieser Wert aus Verkäufen unter fremden Dritten ableiten, die weniger als ein Jahr zurückliegen, ist dieser Wert maßgebend. Kann dieser Wert nicht aus Verkäufen abgeleitet werden, ist er unter Berücksichtigung **28**

- der Ertragsaussichten der Kapitalgesellschaft oder
- einer anderen anerkannten Methode, die für außersteuerliche Zwecke der Kaufpreisbemessung zugrunde gelegt wird,

zu ermitteln.

Danach ergeben sich insgesamt vier Wertermittlungsverfahren, abhängig von der Handelbarkeit der Anteile. **29**

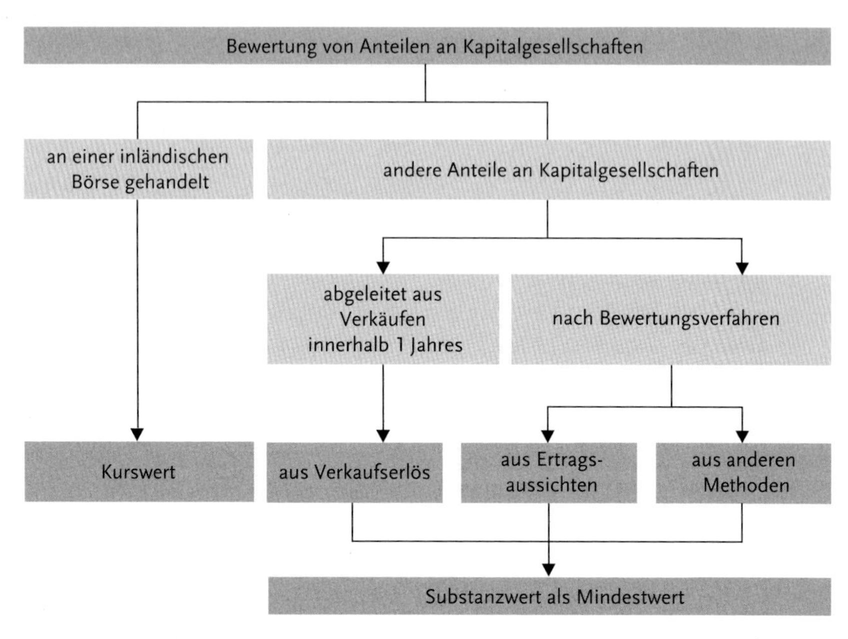

Abb. 2: Bewertungsverfahren für Anteile an Kapitalgesellschaften

30 Wesentliche Voraussetzungen für eine Ableitung der gemeinen Werte aus Verkäufen ist, dass die Kaufpreise im gewöhnlichen Geschäftsverkehr tatsächlich erzielt worden sind. Unter gewöhnlichem Geschäftsverkehr ist der Handel zu verstehen, der sich nach marktwirtschaftlichen Grundsätzen (nach Angebot und Nachfrage) vollzieht und bei dem jeder Vertragspartner ohne Zwang und nicht aus Not oder besonderen Rücksichten, sondern freiwillig in Wahrnehmung seiner eigenen Interessen zu handeln in der Lage ist.

31 Der bei der Veräußerung erzielte Preis ist dann i. S. des Gesetzes zustande gekommen, wenn er sich durch den Ausgleich widerstreitender Interessen von Verkäufer und Käufer gebildet hat. Ob diese Voraussetzungen gegeben sind, entscheidet sich nach den Gesamtumständen des Einzelfalls unter Heranziehung objektivierter Maßstäbe des Vermögens und der Ertragsaussichten (Gürschinger/Stenger § 11 BewG Rn. 126 mit Hinweis auf BFH-Urteile). Nach der Rechtsprechung des BFH genügt ein einziger Verkauf, wenn es sich nicht um einen Zwerganteil handelt. Bei geringfügigen Beteiligungen kann der gemeine Wert auch aus einer Mehrheit von Verkäufen abgeleitet werden (BFH Urt. v. 5.3.1986 – II R 232/82 – BStBl. 1986, II, 591).

Als besondere Umstände, die einen höheren Wertansatz berechtigen, gelten die Werte aus Verkäufen von Anteilen, die eine Beherrschung der Kapitalgesellschaft ermöglichen (§ 11 Abs. 3 BewG). Ein Paketzuschlag kann nach R 95 ErbStR 2003 bereits schon bei geringeren Anteilen in Betracht kommen, aber nur, wenn der Wert der Anteile aus dem Kurswert nach § 11 Abs. 1 BewG bestimmt, oder aus Verkäufen nach § 11 Abs. 2 BewG abgeleitet wird, und der Referenzpreis keinen Paketzuschlag enthält. Ein Paketzuschlag bei Anwendung einer Bewertungsmethode ist nicht zulässig. Ein Kleinmengenabschlag ist ebenfalls nicht anzusetzen. **32**

Für die Ermittlung des gemeinen Wertes verweist § 11 Abs. 2 Satz 4 BewG auf §§ 99 und 103 BewG für die Ermittlung des Mindestwertes und die §§ 199 bis 203 BewG für die Ermittlung des Ertragswertverfahrens. **33**

5. Kapitalforderungen und Kapitalschulden. Kapitalforderungen und Kapitalschulden werden für die Zwecke der Erbschaftsteuer mit dem Wertansatz nach dem ersten Teil des BewG bewertet (§ 12 BewG). **34**

(Vgl. hierzu und zum Folgenden den Erlass der Finanzverwaltung vom 7.12.2001, BStBl. 2001 I, 1041; ber. 2002 I, 112, „Erlass betr. Bewertung von Kapitalforderungen und Kapitalschulden sowie von Ansprüchen/Lasten bei wiederkehrenden Nutzungen und Leistungen nach dem 31.12.1995 für die Zwecke der Erbschaft- und Schenkungsteuer"). **35**

a) Bewertung mit dem Nennwert. Für Kapitalforderungen und Kapitalschulden ist der Wertansatz in § 12 BewG geregelt. Kapitalforderungen und Kapitalschulden, die nicht in § 11 BewG genannt sind, sind grundsätzlich zum Nennwert anzusetzen (§ 12 Abs. 1 BewG). **36**

Kapitalforderungen sind nicht wie andere Wirtschaftsgüter (z. B. Waren) zur Veräußerung (Abtretung) bestimmt, sondern zur Verwertung durch Einziehung. Daher ist der Geldbetrag, der bei Geltendmachung der Forderung vom Schuldner gefordert werden kann (Nennwert), maßgebend. Dabei ist weder die Fristigkeit noch der Wille des Gläubigers maßgebend. **37**

Der Einbehalt eines Disagios bei der Hingabe eines Darlehens (der Auszahlungsbetrag ist geringer als der Kreditbetrag) ist dabei regelmäßig als Zinsvorauszahlung anzusehen. **38**

Auf ausländische Währungen lautende Kapitalforderungen und Kapitalschulden sind mit dem Kurs am Bewertungsstichtag umzurechnen. **39**

40 **b) Vom Nennwert abweichende Ansätze.** Abweichend vom Nennwert ist ein höherer oder niedrigerer Wert anzusetzen, wenn besondere Umstände vorliegen, die dies rechtfertigen.

41 Die besonderen Umstände liegen vor, wenn

- die Kapitalforderungen/Kapitalschulden **unverzinslich** sind und ihre Laufzeit im Besteuerungszeitpunkt mehr als ein Jahr beträgt,
- die Kapitalforderungen/Kapitalschulden **niedrig verzinst** sind (unter 3 %),
- die Kapitalforderungen/Kapitalschulden **hoch verzinst** werden (über 9 %) und die Kündbarkeit für längere Zeit ausgeschlossen ist,
- es **zweifelhaft ist**, ob eine Kapitalforderung in vollem Umfang durchsetzbar ist.

42 **aa) Unverzinsliche Kapitalforderung/Kapitalschulden.** Kapitalforderungen und Kapitalschulden von bestimmter Dauer werden unter Berücksichtigung von Zins und Zinseszins mit einem Zinssatz von 5,5 % abgezinst (§ 12 Abs. 3 Satz 2 BewG). Bei einer Fälligkeit in einem Betrag erfolgt die Bewertung nach der dem Erlass zu § 12 Abs. 3 BewG (s. Rn. 35) beigefügten Tabelle 1. Bei einer Erfüllung in gleichbleibenden Raten ist vom Mittelwert einer jährlich vorschüssigen und jährlich nachschüssigen Zahlung auszugehen (§ 12 Abs. 1 Satz 2 BewG). Die Berechnung erfolgt nach der Tabelle 2 zu § 12 Abs. 1 BewG (s. Rn. 35).

43 **bb) Niedrig verzinsliche Kapitalforderungen/Kapitalschulden.** Bei einer Kapitalforderung/Kapitalschuld, die niedrig verzinst ist (unter 3 %) und deren Kündbarkeit für längere Zeit (mindestens 4 Jahre) ausgeschlossen ist, wird der Kapitalwert um den jährlichen Zinsverlust gekürzt (vgl. BFH, Urt. v. 17.10.1980 – III R 52/79 –, BStBl. 1981 II, 247). Dabei ist die Zinsdifferenz zwischen 3 % und dem tatsächlichen Zins maßgebend. Die Werte ergeben sich aus der Tabelle 3 des Erlasses für Kapitalforderungen und Schulden mit Ratentilgung und aus Tabelle 4 für Annuitätendarlehen.

44 **cc) Hoch verzinsliche Kapitalforderungen/Kapitalschulden.** Bei einer hoch verzinslichen Kapitalforderung/Kapitalschuld (über 9 %), die noch mindestens 4 Jahre läuft, ist der Nennwert um den Kapitalwert des jährlichen Zinsvorteils zu erhöhen (BFH, Urt. v. 3.3.1972 – III R 30/71 –, BStBl. II, 516 und vom 22.2.1974 – III R 5/73 –, BStBl. II, 330). Für die Berechnung ist die jährliche Zinsdifferenz zwischen dem tatsächlichen Zinssatz und dem Grenzzinssatz von 9 % maßgebend. Die Werte können entnommen werden aus Tabelle 5 zum Erlass für Annuitätendarlehen.

45 **c) Kapitalforderungen und Kapitalschulden, mit vom Leben abhängigen Laufzeiten.** Bei Kapitalforderungen/Kapitalschulden, die durch das Leben eines oder mehrerer Personen bedingt sind, ist zur Berechnung der Laufzeit von der mittleren Lebenserwartung der betroffenen Personen auszugehen.

46 **d) Kapitalforderungen, die nicht nach einem festen Zinssatz, sondern entsprechend der Gewinnentwicklung eines Gewerbebetriebs verzinst werden.** Zu diesen Kapitalforderungen gehören neben partiarischen Darlehen auch Einlagen als stiller Gesellschafter. Die Forderungen bzw. Schulden werden nach § 15 Abs. 3 BewG bewertet. Dabei ist der Betrag zugrunde zu legen, der voraussichtlich durchschnittlich erzielt werden wird.

47 Zur Bewertung der Einlage eines stillen Gesellschafters enthält H 112 ErbStR 2003 folgendes

48

Beispiel:

Nennwert:	40.000 €
Durchschnittsertrag	7.000 €
Verzinsung der Einlage	17,5 %
$\frac{7.000}{40.000}$	
Wert der stillen Beteiligung	142,5 %
100 % + 5 x (17,5 %–9 %)	
Bezogen auf den Nennwert	57.000 €

49 Die Kündbarkeit ist für längere Zeit ausgeschlossen, wenn das Gesellschaftsverhältnis im Bewertungszeitpunkt noch mehr als 5 Jahre währen wird (R 112 Satz 6 ErbStR 2003).

50 Die Verbindlichkeit des Unternehmers aus der Einlage des stillen Gesellschafters ist im Betriebsvermögen mit dem Teilwert anzusetzen. Der Teilwert einer echten Schuld entspricht grundsätzlich dem Nennwert (BFH, Urt. 2.2.1973 – III R 134/70 –, BStBl. II 1973, 472). Für die ab 1.1.2009 neue Bewertung eines Unternehmens mit dem gemeinen Wert ist davon auszugehen, dass die Verpflichtung aus der stillen Einlage wie eine sonstige Verbindlichkeit behandelt wird, d. h. im Ertragswert abgegolten ist.

51 **e) Uneinbringlichkeit der Forderung (§ 12 Abs. 2 BewG).** Forderungen, die uneinbringlich sind, bleiben außer Ansatz. Uneinbringlich ist eine Forderung, wenn mit ihrem Eingang nicht oder nicht mehr gerechnet werden kann.
Ist zweifelhaft, ob eine Forderung durchsetzbar ist, so kann sie nach R 109 Abs. 3 ErbStR 2003 dem Grad der Zweifelhaftigkeit entsprechend mit einem niedrigeren Schätzwert anzusetzen sein.

52 **6. Kapitalwert von wiederkehrenden Nutzungen und Leistungen (§ 13 BewG). – a) Begriff.** Der Erlass vom 7.12.2001 (s. Rn. 42) erläutert an Beispielen, was unter „wiederkehrenden Leistungen" zu verstehen ist und nennt dabei folgende Beispiele:

- **Nießbrauchsrechte**
  Nießbrauch ist das Recht die Nutzungen eines bestimmten Gegenstandes zu ziehen (§ 1030 Abs. 1 BGB)
- **Rentenbezugsrechte**
  Renten sind laufende Bezüge in Geld oder Geldeswert, auf die der Empfänger eine gewisse Zeit einen Anspruch hat, so, dass die periodisch wiederkehrenden Bezüge auf einem einheitlichen Stammrecht (Rentenrecht) bestehen und deren Früchte darstellen.

53 **b) Bewertung. – aa) Grundsätze.** Wiederkehrende Nutzungen und Leistungen sind grundsätzlich mit dem Kapitalwert (Jahreswert x Vervielfältiger) anzusetzen. Der Kapitalwert ist mit einem Zinssatz von 5,5 % anzusetzen. Dies ergibt sich aus § 15 Abs. 1 BewG und der Anlage 9a zum BewG. Eine Risikoprämie ist nicht anzusetzen.

54 Bei Nutzungen oder Leistungen, deren Jahreswert ungewiss ist oder schwankt, ist nach § 15 Abs. 3 BewG als Jahreswert der Betrag anzusetzen, der im Durchschnitt der Jahre voraussichtlich erzielt wird. Nach entscheidungstheoretischen Begriffen ist dies der Erwartungswert.

55 Ist der gemeine Wert der gesamten Nutzungen oder Leistungen nachweislich geringer als der Kapitalwert, so ist dieser nachgewiesene gemeine Wert zugrunde zu legen (§ 13 Abs. 3 BewG).

56 **bb) Kapitalwert von Nutzungen/Leistungen, die auf eine bestimmte Zeit beschränkt sind.** Diese werden auf der Basis von 5,5 % mit dem Mittelwert aus jährlich vorschüssiger und nachschüssiger Zahlungsweise bewertet. Der Wert ist anhand der Anlage 9a zum Bewertungsgesetz zu ermitteln. Sind die Nutzungen/Leistungen außerdem auch durch das Leben bedingt, darf der Wert nach § 14 BewG (Bewertung für lebenslängliche Leistungen) nicht überschritten werden (§ 13 Abs. 1 Satz 2 BewG).

57 **cc) Nutzungen und Leistungen von unbestimmter Dauer** sind solche, bei denen das Ende in absehbarer Zeit sicher ist, aber der Zeitpunkt des Wegfalls unsicher ist *(dies certus an incertus quando)*.
Die Bewertung erfolgt nach § 13 Abs. 2 2. Hs. BewG mit dem 9,3-fachen des Jahreswertes.

dd) Immerwährende Leistungen sind solche, deren Ende von Ereignissen abhängt, von denen ungewiss ist, ob und wann sie eintreten werden *(dies incertus an et quando)*. Immerwährende Leistungen sind mit dem 18,6-fachen des Jahreswertes anzusetzen (§ 13 Abs. 2 1. Hs. BewG). **58**

Der Bewertung mit dem 18,6-fachen liegt der Gedanke zugrunde, dass der Inhaber einer immerwährenden Nutzung wie ein Eigentümer eines Rentenkapitals zu behandeln ist, das auf einem Zinssatz von 5,5 % beruht. Ein Vervielfältiger von 18,6 ergibt sich finanzmathematisch als der Wert einer unendlichen Rente, deren Ertragswert mit dem Kehrwert von 5,5 % errechnet wird. Das 18,6-fache ergibt sich dabei als Mittelwert aus einer jährlich vorschüssigen und einer jährlich nachschüssigen Rente. **59**

c) Lebenslängliche Nutzungen und Leistungen (§ 14 BewG). Eine besondere Art wiederkehrender Nutzungen und Leistungen sind die auf die Lebenszeit einer Person beschränkten Renten und sonstigen Nutzungen und Leistungen. Das Gesetz behandelt sie so, wie Nutzungen und Leistungen von bestimmter Dauer mit fester Laufzeit. Das ergibt sich aus § 14 Abs. 4 BewG, da nach dieser Vorschrift die dem Vervielfältiger zugrunde liegende Lebenserwartung nicht widerlegt werden kann. Nach § 14 Abs. 1 BewG wird der Wert des Vervielfältigers nach dem Lebensalter einer Bezugsperson bestimmt. Er wird berechnet aus der durchschnittlichen Lebenserwartung der maßgebenden Person. Dabei werden unterschiedliche Werte für Frauen und Männer verwendet (Anlage 9 zu § 14 BewG). Die Berechnung des Kapitalwerts von Renten oder Nutzungen und Leistungen nach der durchschnittlichen Lebenserwartung kann zu Härten führen, wenn die wirkliche Dauer wesentlich kürzer ist. Für diese Fälle sieht § 14 Abs. 2 BewG eine nachträgliche Berichtigung der Veranlagung nach der wirklichen Dauer vor. Voraussetzung ist, dass der Wegfall der Rente durch den vorzeitigen Tod der Person erfolgt ist, auf deren Lebenszeit die Berechtigung bestand. Die Berichtigung erfolgt durch einen Antrag nach §§ 14 Abs. 2, 5 Abs. 2 Satz 2 BewG). Der Antrag ist bis zum Ablauf des Jahres zu stellen, das auf das Jahr des Ablebens der Bezugsperson folgt. **60**

d) Begrenzung des Jahreswerts von Nutzungen und Leistungen. Der Jahreswert der Nutzungen eines Wirtschaftsguts darf für die Ermittlung des Kapitalwerts den Betrag des 18,6ten Teils des Wirtschaftsguts nicht übersteigen. **61**

Das Bewertungsgesetz geht davon aus, dass sich Vermögen langfristig im Durchschnitt mit 5,5 % verzinst (vgl. § 13 Abs. 1 BewG). Unterstellt man diesen Ertrag, so errechnet sich der Wert dieses Vermögens mit dem Kehrwert von 5,5 % als Kapitalwert einer ewigen konstanten Rente. Daraus folgt, dass der **62**

Kapitalwert einer zeitlich unbegrenzten wiederkehrenden Nutzung (z. B. eines Nießbrauchs) nicht höher angesetzt werden kann als mit dem 18,6-fachen des Jahreswerts. Soll umgekehrt der Kapitalwert wiederkehrender Nutzungen den Wert des Wirtschaftsguts, um dessen Nutzung es sich handelt, nicht übersteigen, darf der Jahreswert der Nutzungen nicht höher als mit dem 18,6ten Teil des Wertes des Wirtschaftsguts angesetzt werden.

63 Zur Ermittlung des Kapitalwerts wiederkehrender Nutzungen eines Wirtschaftsguts ist wie folgt zu verfahren:

Beispiel:

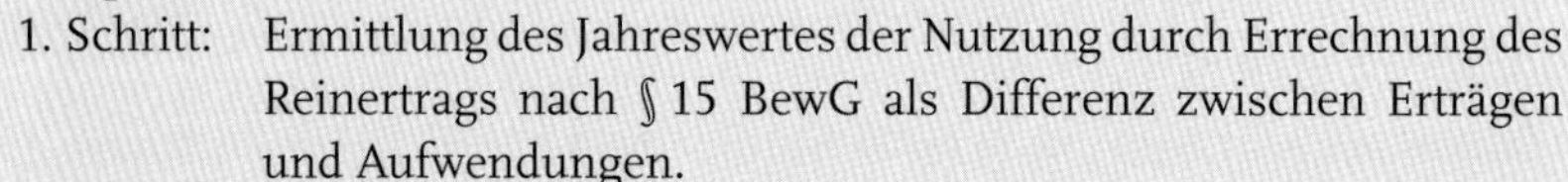

1. Schritt: Ermittlung des Jahreswertes der Nutzung durch Errechnung des Reinertrags nach § 15 BewG als Differenz zwischen Erträgen und Aufwendungen.
2. Schritt: Ermittlung des Steuerwertes des Wirtschaftsguts der Nutzung
3. Schritt: Ermittlung des 18,6-fachen Teils des Steuerwerts und Vergleich mit dem Reinertrag.
4. Schritt: Ansatz des niedrigeren Wertes zur weiteren Ermittlung des Kapitalwerts entsprechend der Laufzeit.

64 **Beispiel:**

Der Jahreswert des Nießbrauchs an einem Unternehmer beträgt 100 GE. Der Reinertrag soll dem Jahresertrag entsprechen. Der steuerliche Wert des Unternehmens wird ermittelt nach dem vereinfachten Ertragswertverfahren der §§ 200 ff. BewG. Wenn keine Besonderheiten bestehen, beträgt dieser Ertragswert das 12,33-fache des Jahresertrags. Der Steuerwert des Unternehmens beträgt dann 1.233 GE. Der Jahreshöchstwert des Nießbrauchs beträgt dann 66,3 GE und wird damit niedriger bewertet als der tatsächliche Reinertrag.

Der Unterschied ist begründet durch den höheren Zinssatz von 8,11 % für die Ermittlung des Ertragswerts des Wirtschaftsguts Unternehmen. Differenzen können sich auch ergeben bei einem Nießbrauch eines Mietwohngrundstücks, das ebenfalls mit einem Ertragwert bewertet wird, mit ggf. unterschiedlichem Zinssatz in Abhängigkeit von Liegenschaftszins und Alter des Gebäudes.

Die Vorschrift des § 16 BewG gilt nicht nur zugunsten des Nutzungsberechtigten, auch der zur Leistung Verpflichtete kann als Schuld höchsten den Betrag absetzen, der sich ergibt, wenn bei der Kapitalisierung maximal der Jahreswert zugrunde gelegt wird, der dem 18,6ten Teil des Steuerwerts des Wirtschaftsguts entspricht. **65**

III. Inlandsvermögen (§ 121 BewG)

Zum Inlandsvermögen gehören: **66**

- inländisches land- und forstwirtschaftliches Vermögen (§ 121 Nr. 1 BewG),
- inländisches Grundvermögen (§ 121 Nr. 2 BewG),
- inländische Gewerbebetriebe oder inländische Betriebsstätten (§ 121 Nr. 3 BewG),
- Anteile von Kapitalgesellschaften, die Sitz (§ 11 AO) oder Geschäftsleitung (§ 10 AO) im Inland haben und der Gesellschafter allein oder zusammen mit nahestehenden Personen am Grund- oder Stammkapital zu mehr als 10 % (unmittelbar oder mittelbar) beteiligt ist (§ 121 Nr. 4 BewG),
- Erfindungen, Gebrauchsmuster o. Ä. wenn sie im Inland eingetragen sind (§ 121 Nr. 5 BewG),
- an inländische Gewerbebetriebe vermietete oder verpachtete Wirtschaftsgüter (§ 121 Nr. 6 BewG),
- Kapitalforderungen, wenn sie durch inländischen Grundbesitz gesichert sind (§ 121 Nr. 7 BewG),
- Forderungen aus der Beteiligung als stiller Gesellschafter oder aus partiarischen Darlehen, wenn der Schuldner Wohnsitz (§ 8 AO) Sitz oder Geschäftsleitung im Inland hat (§ 121 Nr. 8 BewG),
- Nutzungsrechte an den im Gesetz aufgezählten Vermögensgegenständen (§ 121 Nr. 9 BewG).

Die Vorschrift dient vor allem dazu, bei einem unentgeltlichen Erwerb (Erbschaft oder Schenkung) eine auf Inlandsvermögen beschränkte Steuerpflicht für Ausländer zu begründen (s. § 2 Abs. 1 Nr. 3 ErbStG). **67**

IV. Einheitsbewertung

68 § 32 BewG bestimmt, dass für die Bewertung des inländischen land- und forstwirtschaftlichen Vermögens und Grundvermögens die §§ 33 bis 109 BewG gelten.

69 Die Feststellung der Werte für Zwecke der Grunderwerbsteuer erfolgt nach den speziellen Vorschriften des vierten Abschnitts des BewG (§§ 138–150 BewG). Für die Feststellung von Grundbesitzwerten, von Anteilswerten an Kapitalgesellschaften und von Betriebsvermögenswerten für die Erbschaftsteuer/Schenkungsteuer gelten ab 1.1.2009 die besonderen Vorschriften des neu eingefügten 6. Abschnitts des BewG (§§ 157–203 BewG). Für diese Zwecke erfolgt eine Wertfeststellung gesondert als Bedarfsbewertung, wenn die Wertermittlung als Bemessungsgrundlage für die Steuer notwendig ist.

70 Die Einheitsbewertung hat heute nur noch wesentliche Bedeutung für die Ermittlung der Bemessungsgrundlage für die Grundsteuer.
→ Weiterführende Informationen:
Einheitsbewertung, Einführung
Einheitsbewertung des land- und forstwirtschaftlichen Vermögens
Einheitsbewertung des Grundvermögens

V. Grundbesitzbewertung für die Grunderwerbsteuer

71 Grundbesitz wird für Zwecke der Grunderwerbsteuer nach den §§ 138–150 BewG bewertet (§ 8 Abs. 2 GrEStG). *(Nach diesen Vorschriften wird auch noch der Wert von Grundbesitz für die Erbschaftsteuer bis zum Bewertungsstichtag 31.12.2008 ermittelt.)*

72 Nach § 8 Abs. 2 GrEStG wird die Steuer im Allgemeinen nach dem Wert der Gegenleistung bemessen. Ausnahmsweise, wenn eine Gegenleistung nicht vorhanden oder nicht zu ermitteln ist, und bei Umwandlungen, Einbringungen und anderen Erwerbsvorgängen auf gesellschaftsrechtlicher Grundlage sowie bei Änderungen im Gesellschafterbestand von Personengesellschaften verweist § 8 Abs. 2 GrEStG auf § 138 Abs. 2–4 BewG.

Die Bewertung erfolgt als Bedarfsbewertung unter Berücksichtigung der tatsächlichen Verhältnisse und den Wertverhältnissen zum Besteuerungszeitpunkt. Ermittelt werden Grundbesitzwerte für land- und forstwirtschaftliches Vermögen (§ 138 Abs. 2 BewG) nach den Vorschriften der §§ 140 bis 144 BewG und Grundvermögen und Betriebsgrundstücke (nach § 138 Abs. 3 BewG) nach den Vorschriften der §§ 145 bis 150 BewG. **73**

→ Weiterführende Informationen: Grundbesitzbewertung für die Grunderwerbsteuer

VI. Bewertung für die Erbschaftsteuer

1. Anwendungsbereich. Die Bewertungsregeln für die Ermittlung der Bemessungsgrundlage der Erbschaftsteuer ab dem 1.1.2009, bzw. dem Wert der Bereicherung beim Empfänger als Bemessungsgrundlage der Schenkungsteuer, sind im 2. Teil des BewG im 5. Abschnitt in den §§ 157–203 BewG ausschließlich und abschließend geregelt. **74**

In diesem 5. Teil sind geregelt die Wertfeststellungen für **75**

- Grundbesitzwerte (bestehend aus land- und forstwirtschaftlichem Vermögen und Grundvermögen),
- nicht notierte Anteile an Kapitalgesellschaften und
- Betriebsvermögen.

Diese Werte werden gesondert ermittelt. Für die anderen im Rahmen eines Erwerbs von Todes wegen oder durch Schenkungen unter Lebenden zu bewertenden Vermögensarten und Verbindlichkeiten gelten die Bewertungsvorschriften des allgemeinen Teils. **76**

→ Weiterführende Informationen: Bewertung des land- und forstwirtschaftlichen Vermögens

2. Grundvermögen. Grundbesitz umfasst als Oberbegriff das Grundvermögen, land- und forstwirtschaftliche Vermögen und Betriebsgrundstücke. **77**
Betriebsgrundstücke sind als Teil des Betriebsvermögens in der Gesamtbewertung des Unternehmens mit dem gemeinen Wert (Abschnitt 4) enthalten.

a) Begriff. Die Legaldefinition des Begriffs „Grundvermögen“ findet sich in § 176 BewG. Danach gehören zum Grundvermögen **78**

- der Grund und Boden, die Gebäude, die sonstigen Bestandteile und das Zubehör,
- das Erbbaurecht,
- das Wohnungseigentum, Teileigentum, Wohnungserbbaurecht und Teilerbbaurecht nach dem Wohnungseigentumsgesetz,

79 soweit es sich nicht um land- und forstwirtschaftliches Vermögen (§ 33 BewG) oder um ein Betriebsgrundstück (§ 99 BewG) handelt. Betriebsgrundstück ist der zu einem Gewerbebetrieb gehörende Grundbesitz (§ 99 Abs. 1 BewG). Der Wert von Betriebsgrundstücken ist im Wert des Betriebsvermögens enthalten (§ 109 Abs. 1 BewG).

80 Bodenschätze gehören nicht zum Grundvermögen i. S. des BewG. Sie werden für die Zwecke der Erbschaftsteuer entweder als Teil des Betriebsvermögens oder als sonstiges Vermögen (§ 12 Abs. 4 ErbStG) erfasst.

81 Zum Grundvermögen gehören nach § 176 Abs. 1 BewG:

- Grund und Boden, Gebäude, Bestandteile und Zubehör,
- Erbbaurechte,
- Wohnungseigentum und Teileigentum (incl. Wohnungsbauerbrecht und Teilerbbaurecht) nach dem WEG.

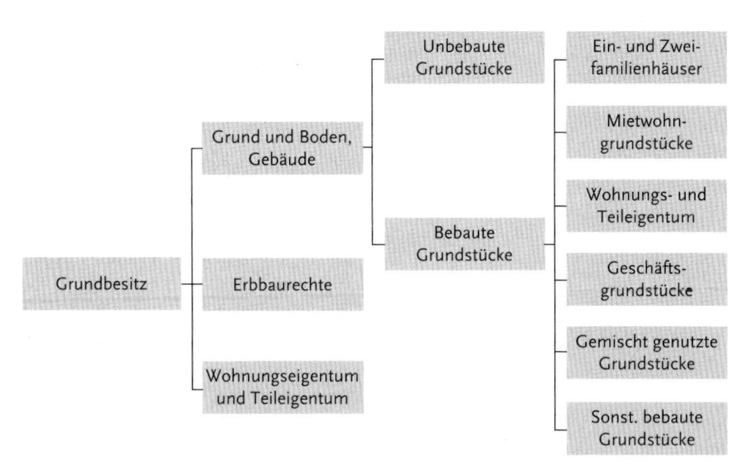

Abb. 3: Einteilung Grundbesitz nach Bewertungskriterien

82 **b) Bewertung (§§ 176–198 BewG).** Für die wirtschaftlichen Einheiten des Grundvermögens und für Betriebsgrundstücke ist der Grundbesitzwert nach den §§ 176–187 BewG zu bestimmen.

aa) Unbebaute Grundstücke. Als unbebautes Grundstück gilt ein Grundstück, auf dem sich keine benutzbaren Gebäude befinden (§ 178 BewG). Der Wert ergibt sich aus der Grundstücksfläche und dem Bodenrichtwert (§ 179 BewG): **83**

Grundbesitzwert = Fläche x Bodenrichtwert

Die Bodenrichtwerte werden von den örtlichen Gutachterausschüssen regelmäßig zeitnah zusammengestellt und den Finanzämtern mitgeteilt. Die Bodenrichtwerte sind jeweils zum Ende des 2. Kalenderjahres zu ermitteln (§ 196 Abs. 1 BauGB). Gerade aber in dünn besiedelten Gebieten ist zu befürchten, dass keine aktuellen oder vergleichbaren Bodenrichtwerte zur Verfügung gestellt werden können. Nach § 179 Satz 4 BewG soll dann der Wert vom Finanzamt aus dem Wert vergleichbarer Flächen abgeleitet werden. **84**

Dazu bestimmt der einschlägige § 196 Abs. 1 Sätze 1–5 BauGB: **85**

§

§ 196 Abs. 1 BauG
Aufgrund der Kaufpreissammlung sind flächendeckend durchschnittliche Lagewerte für den Boden unter Berücksichtigung des unterschiedlichen Entwicklungszustands zu ermitteln (Bodenrichtwerte). In bebauten Gebieten sind Bodenrichtwerte mit dem Wert zu ermitteln, der sich ergeben würde, wenn der Boden unbebaut wäre. Es sind Richtwertzonen zu bilden, die jeweils Gebiete umfassen, die nach Art und Maß der Nutzung weitgehend übereinstimmen. Die wertbeeinflussenden Merkmale des Bodenrichtwertgrundstücks sind darzustellen. Die Bodenrichtwerte sind jeweils zum Ende jedes zweiten Kalenderjahres zu ermitteln, wenn nicht eine häufigere Ermittlung bestimmt ist.

Ein niedrigerer Wertansatz kann durch ein Gutachten nachgewiesen werden (§ 198 BewG). **86**

bb) Bebaute Grundstücke, Wohnungs- und Teileigentum. Ein Grundstück gilt als bebaut, wenn sich auf ihm ein benutzbares Gebäude befindet (§ 180 Abs. 1 BewG). Bebaute Grundstücke werden für die Bewertung in 6 verschiedene Grundstücksarten aufgeteilt (§ 181 BewG). **87**

Ein- und Zweifamilienhäuser **88**

Ein- und Zweifamilienhäuser sind Wohngrundstücke, die bis zu zwei Wohnungen enthalten und kein Wohnungseigentum darstellen. Sie müssen mit mehr als 50 % Wohnzwecken dienen (§ 181 Abs. 2 BewG).

Mietwohngrundstücke **89**

Mietwohngrundstücke sind Grundstücke, die mehr als zwei Wohnungen enthalten und die zu mehr als 80 % Wohnzwecken dienen (§ 181 Abs. 3 BewG).

90 **Wohnungs- und Teileigentum**
Wohnungseigentum ist das Sondereigentum an einer Wohnung in Verbindung mit dem Miteigentumsanteil an dem gemeinschaftlichen Eigentum, zu dem es gehört (§ 181 Abs. 4 BewG). Teileigentum ist das Sondereigentum an nicht zu Wohnzwecken dienenden Räumen eines Gebäudes in Verbindung mit dem Miteigentum an dem gemeinschaftlichen Eigentum, zu dem es gehört (§ 181 Abs. 5 BewG).

91 **Geschäftsgrundstücke**
Geschäftsgrundstücke sind Grundstücke, die zu mehr als 80 % betrieblichen Zwecken dienen (§ 181 Abs. 6 BewG).

92 **Gemischt genutzte Grundstücke**
Gemischt genutzte Grundstücke dienen teils zu Wohnzwecken, teils betrieblichen Zwecken (§ 181 Abs. 7 BewG).

93 **Sonstige bebaute Grundstücke**
Grundstücke, die keinem der anderen Grundstücksarten zugeordnet werden können, sind als sonstige bebaute Grundstücke einzuordnen (§ 181 Abs. 8 BewG).
Für die Bewertung von bebauten Grundstücken werden folgende Verfahren angewendet:

94 Nach dem ***Vergleichswert*** sind zu bewerten
- Wohnungseigentum (§ 182 Abs. 1 Satz 1 BewG) und Teileigentum (§ 182 Abs. 1 Satz 2 BewG),
- Ein- und Zweifamilienhäuser (§ 182 Abs. 1 Satz 3 BewG).

Nach dem ***Ertragswertverfahren*** sind zu bewerten
- Mietwohngrundstücke (§ 182 Abs. 3 Satz 1 BewG),
- Geschäftsgrundstücke (§ 182 Abs. 3 Satz 2 BewG).

Nach dem ***Sachwertverfahren*** sind zu bewerten
- sonstige bebaute Grundstücke (§ 182 Abs. 4 Satz 3 BewG),
- Grundstücke, die wegen fehlender Vergleichswerte nicht nach dem Vergleichswertverfahren ermittelt werden können (§ 182 Abs. 4 Satz 1 BewG),
- Geschäftsgrundstücke und gemischt genutzte Grundstücke, wenn sich keine übliche Miete ermitteln lässt (§ 182 Abs. 4 Satz 2 BewG).

Bewertungsmethode	Grundstücksart						
Vergleichswertverfahren	Wohnungseigentum	Teileigentum	Ein- und Zweifamilienhäuser				
Ertragswertverfahren				Mietwohngrundstücke	Gemischt genutzte Grundstücke	Geschäftsgrundstücke	
Sachwertverfahren	⇩ Hilfsweise	⇩ Hilfsweise	⇩ Hilfsweise		⇩ Hilfsweise	⇩ Hilfsweise	Sonstige bebaute Grundstücke

Abb. 4: Wertermittlungsverfahren für bebaute Grundstücke

c) Vergleichswertverfahren (§ 183 BewG). Das Vergleichswertverfahren kommt bei der Ermittlung des gemeinen Wertes für Grundtücke in Betracht, die mit weitgehend gleichartigen Gebäuden bebaut sind und bei denen sich der Grundstücksmarkt an Vergleichswerten orientiert. Das Vergleichswertverfahren ist daher regelmäßig für Wohnungs- und Teileigentum, sowie für Ein- und Zweifamilienhäuser anzuwenden. **95**

Bei der Wertermittlung im Vergleichswertverfahren werden Kaufpreise von Vergleichsgrundstücken herangezogen, die hinsichtlich der wertbeeinflussenden Merkmale mit dem zu bewertenden Grundstück hinreichend übereinstimmen. Diese Kaufpreise werden von den örtlichen Gutachterausschüssen ermittelt. Belastungen des zu bewertenden Grundstücks werden nicht berücksichtigt (§ 183 Abs. 3 BewG). **96**

97

Beispiel:
Für ein bisher selbst genutztes Einfamilienhaus (EFH) ist für die Ermittlung der Schenkungsteuer auf den 1.1.2009 ein Grundbesitzwert zu ermitteln. Das EFH wurde 1996 fertiggestellt und weist eine Wohnfläche von 150 m^2 auf. Das zugehörige Grundstück ist 750 m^2 groß. Der Bodenrichtwert beträgt lt. Gutachterausschuss 235 €/m^2. Der Gutachterausschuss gibt folgende Vergleichspreise je m^2-Wohnfläche als typisches Vergleichsobjekte (freistehende Ein- und Zweifamilienhäuser) an:

Alter	Bodenrichtwerte in €/m²		
	160–210	210–260	über 260
bis 10 Jahre	2.100 €	2.340 €	2.590 €
11–20 Jahre	1.980 €	2.220 €	2.460 €
21–30 Jahre	1.810 €	2.050 €	2.290 €
Die Vergleichspreise beinhalten den Wert der baulichen Anlagen und den Wert des Grund und Bodens			

Der Grundbesitzwert nach dem Vergleichswertverfahren beträgt 150 m² Wohnfläche x 2.220 €/m² = 333.000 €

98 **d) Ertragswertverfahren (§§ 184–188 BewG).** Das Ertragswertverfahren kommt bei bebauten Grundstücken in Betracht, bei denen der Ertrag für die Werteinschätzung im Vordergrund steht, weil sie typischerweise als Renditeobjekt angesehen werden. Das Ertragswertverfahren ist daher für die Bewertung von Mietwohngrundstücken, Geschäftsgrundstücken und gemischt genutzten Grundstücken anzuwenden, für die sich eine übliche Miete ermitteln lässt.

99 Beim Ertragswertverfahren wird der Bodenwert und der Ertragswert des Gebäudes getrennt ermittelt. Der Bodenwert und der Gebäudeertragswert ergeben den Ertragswert des Grundstücks.

100 Der *Bodenwert* ist der Wert eines vergleichbaren unbebauten Grundstücks nach dem Bodenrichtwert. (§ 184 Abs. 2 BewG).

101 Der *Gebäudeertragswert* ergibt sich aus dem Rohertrag (nach § 186 BewG) abzüglich der Bewirtschaftungskosten (nach § 187 BewG). Das Gesetz bezeichnet diesen Wert als Reinertrag (§ 185 Abs. 1 BewG). Der Reinertrag ist durch den Betrag einer angemessenen Verzinsung des Bodenwerts zu vermindern und ergibt den Gebäudereinertrag.

102 Der Gebäudereinertrag ist zu kapitalisieren mit einem Vervielfältiger, der sich aus der Anlage 21 zum BewG entnehmen lässt. Dabei ist von einer Restnutzungsdauer des Gebäudes auszugehen, die mindestens 30 Jahre beträgt. Eine Restnutzungsdauertabelle ist dem Gesetz als Anlage 22 beigefügt. Der Gebäudeertragswert ist mindestens mit 0 € anzusetzen.

103 Der *Rohertrag* (§ 186 BewG) entspricht der am Bewertungsstichtag vereinbarten Jahresmiete (Kaltmiete ohne Nebenkosten). Für eigengenutzte, unbenutzte oder verbilligt überlassene Grundstücke oder Grundstücksteile wird die ortsübliche Miete angesetzt. Als verbilligt gilt ein Wert, der um mehr als 20 % von der üblichen Miete abweicht.

104 Die *Bewirtschaftungskosten* (§ 187 BewG) bestehen aus Verwaltungskosten, Betriebskosten, Instandhaltungskosten und dem Mietauswagnis. Sie werden pauschaliert nach Erfahrungssätzen angesetzt. Dem Gesetz sind in der Anlage 23 Erfahrungssätze beigefügt, die angesetzt werden, wenn keine geeigneten Sätze zur Verfügung stehen.

105 Der *Vervielfältiger* ergibt sich aus dem Liegenschaftszins und der Restnutzungsdauer. Der Liegenschaftszins ist der Zinssatz, mit dem der Verkehrswert von Grundstücken im Durchschnitt marktüblich verzinst wird. Er wird von den Gutachterauschüssen z. T. zur Verfügung gestellt. Das Gesetz gibt hilfsweise Sätze vor (§ 188 Abs. 2 BewG):

- für Mietwohngrundstücke mit 5 %,
- für gemischtgenutzte Grundstücke bei einer gewerblichen Nutzung bis zu 50 % und 6 % bei mehr als 50 %,
- für Geschäftsgrundstücke mit 6,5 %.

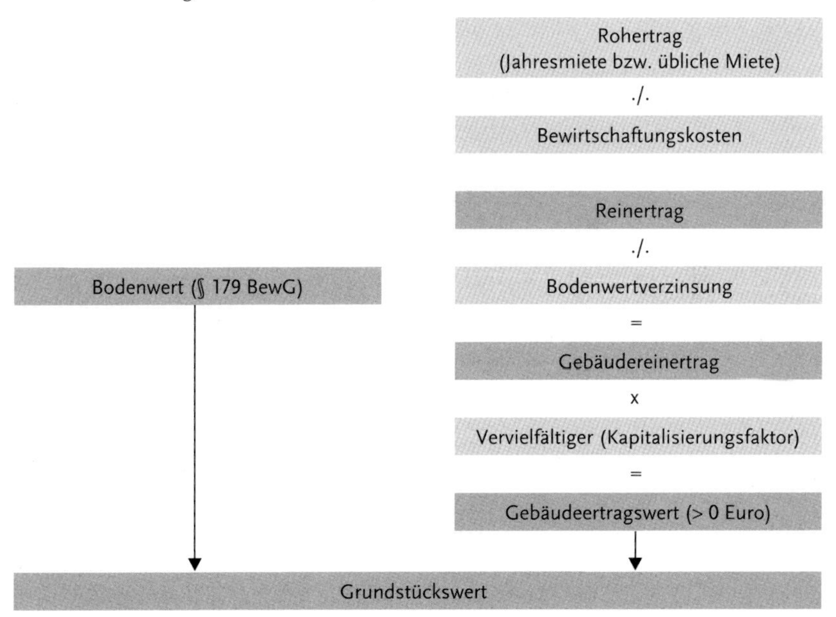

Abb. 5: Ertragswertverfahren

106

Beispiel:
Für ein Mietwohngrundstück Baujahr 1975 (MWG) ist auf den 1.1.2009 für schenkungsteuerliche Zwecke ein Grundbesitzwert zu ermitteln. Das zugehörige Grundstück hat eine übliche Größe von 1.250 m² und ist umgeben von einer Mauer. Der gemeine Wert der Mauer beträgt am Bewertungsstichtag 10.000 €. Das MWG besteht aus sechs gleich großen und vergleichbar ausgestatteten Wohnungen. Vier Wohnungen sind jeweils zur ortsüblichen Kaltmiete von 550 € pro Monat vermietet. Eine Wohnung wird vom Eigentümer selbst bewohnt, eine Wohnung ist an seinen Bruder für 300 € pro Monat vermietet. Modernisierungen oder substanzverändernde Instandhaltungsmaßnahmen waren bisher nicht erforderlich. Der örtliche Gutachterausschuss hat einen aktuellen Bodenrichtwert in Höhe von 150 €/m² ermittelt.

Für die Bewirtschaftungskosten hat der Gutachterausschuss keine Erfahrungssätze mitgeteilt. Liegenschaftszinssätze wurden ebenfalls nicht ermittelt. Der Wert des Heizölbestandes beträgt am Bewertungsstichtag 7.800 €. Der Grundbesitzwert wird nach dem Ertragswertverfahren ermittelt.

1. Bodenwert

Bodenrichtwert		Grundstücksfläche		Bodenwert
150 €/m²	x	1.250 m²	=	**185.500 €**

2. Gebäudeertragswerts

a) Rohertrag (Jahresmiete/übliche Miete)	
4 vermietete Wohnungen je 550 € x 12 Monate	26.400 €
1 selbst genutzte Wohnung (übliche. Miete)	6.600 €
1 verbilligt überlassene Wohnung (20 % Grenze)	6.600 €
Rohertrag	39.600 €
b) Reinertrag	
Bewirtschaftungskosten (Anlage 22 u. 23 BewG)	
(Alter 33 J., ND 80 J) 23 %	9.108 €
Reinertrag	30.492 €
c) Bodenwertverzinsung (§ 188 Abs. 2 BewG)	
5 % x 150 €/m² x 1.250 m²	9.375 €
Gebäudereinertrag	21.118 €
d) Gebäudeertragswert	
Vervielfältiger	
(RND 47 Jahre Zinssatz 5 %) 17,98	
Gebäudeertragswert	**379.701 €**

3. Grundbesitzwert

Bodenwert	185.500 €
Grundbesitzwert	**562.201 €**

Der Wert der Außenanlagen ist im Grundstückswert enthalten ebenso wie der Wert des Heizölbestandes als Zubehör (i. S. von § 97 Abs. 1 BGB).

107 **e) Sachwertverfahren (§§ 189–191 BewG).** Dieses Verfahren wird angewendet bei den bebauten Grundstücken bei denen die Herstellungskosten für die Werteinschätzung auf dem Grundstücksmarkt in erster Linie wertbestimmend sind.

108 Das Sachwertverfahren wird daher angewendet bei der Bewertung von bebauten Grundstücken, die üblicherweise zur Eigennutzung erworben bzw. geschaffen wurden. Es ist daher anzuwenden für sonstige Grundstücke und für Grundstücke, für die ein Vergleichswert nicht vorliegt, oder für bebaute Grundstücke, für die sich auf dem Markt keine übliche Miete ermitteln lässt.

109 Beim Sachwertverfahren wird der Wert auf der Grundlage des Substanzwertes (aus den Herstellungskosten) der baulichen Anlagen und dem Bodenwert ermittelt.

110 Der **Bodenwert** ist der Wert des unbebauten Grundstücks nach § 179 BewG. Bei der Ermittlung des gemeinen Wertes im Sachwertverfahren sind nicht die tatsächlichen (individuellen) Herstellungskosten, sondern die Regelherstellungskosten, gewöhnlichen Herstellungskosten/m^2, Normalherstellungskosten/m^2 zugrunde zu legen, (§ 190 Abs. 1 BewG). Die Regelherstellungskosten sind in der Anlage 24 des BewG angegeben. Die **Gebäuderegelherstellungskosten** ergeben sich aus der Multiplikation dieser Kosten mit der Brutto-Grundfläche des Gebäudes (§ 190 Abs. 1 BewG). Zur Ermittlung des **Gebäudesachwerts** ist vom Gebäuderegelherstellungskostenwert eine Alterswertminderung abzuziehen (§ 190 Abs. 2 BewG). Sie wird nach dem Alter des Gebäudes und der Gesamtnutzungsdauer entsprechend der Anlage 22 zum BewG bestimmt. Ein Mindestwert von 40 % der Gebäudeherstellungskosten darf nicht unterschritten werden.
Der Bodenwert und der Gebäudesachwert ergeben den **vorläufigen Sachwert** des Grundstücks (§ 189 Abs. 3 Satz 1 BewG).

111 Zur Ermittlung des Grundbesitzwertes ist der vorläufige Sachwert des Gebäudes zur Anpassung an den gemeinen Wert mit einer Wertzahl nach § 191 BewG zu multiplizieren (§ 189 Abs. 3 Satz 2 BewG). Die geltenden Wertzahlen sind in der Anlage 25 zum BewG enthalten. Die Wertzahlen sind in Anlehnung an bundesweite Untersuchungen der Gutachterausschüsse festgelegt. Sie beruhen auf der Erwägung, dass in Abhängigkeit von der zunehmenden Höhe einer Grundstücksinvestition ein progressiver Abschlag zur Ermittlung des gemeinen Werts vorgenommen werden muss.

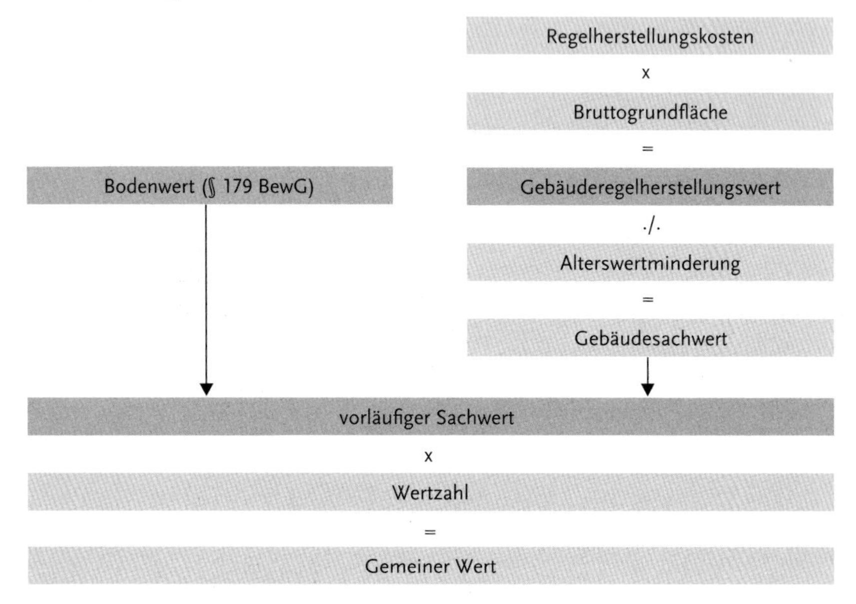

Abb. 6: Sachwertermittlung bebauter Grundstücke

112

Beispiel:
Für ein selbst genutztes nicht unterkellertes Einfamilienhaus (EFH) mittlerer Ausstattung mit ausgebautem Dachgeschoss ist für Zwecke der Schenkungsteuer auf den 1.1.2009 ein Grundbesitzwert zu ermitteln. Das EFH wurde 1995 fertiggestellt und weist eine Bruttogrundfläche von 150 m^2 auf. Das Grundstück ist 700 m^2 groß und mit einem Jägerzaun umzäunt, die Terrasse ist aus Verbundsteinen erstellt worden. Neben dem Haus befindet sich ein gepflasterter Stellplatz. Der aktuelle Bodenrichtwert beträgt lt. Gutachterausschuss 190 €/m^2. Im Grundstücksmarktbericht gibt der Gutachterausschuss weder Vergleichspreise noch Sachwertfaktoren für das zu bewertende Grundstück an.

Der Grundbesitzwert ist mangels Vergleichspreisen nach § 182 Abs. 4 Nr. 1 BewG im Sachwertverfahren zu ermitteln.

<u>1. Bodenwert</u>	
Bodenrichtwert x Grundstücksfläche	
190 €/m² x 700 m²	133.000 €
<u>2. Gebäudesachwert</u>	
Regelherstellungskosten x Bruttogrundfläche	
940 €/m² x 150 m²	141.000 €
Alterswertminderung (13 Jahre x 1/80) 16,25 %	–22.913 €
Gebäudesachwert	118.087 €
<u>3. Vorläufiger Sachwert</u>	**251.087 €**
Wertzahl (Anlage 25) 0,9	
Grundbesitzwert	**225.978 €**

113 **3. Erbbaurechte.** Nach § 12 Abs. 3 ErbStG i. V. m. §§ 151 Abs. 1 Satz 1, 176 Abs. 1 Satz 2 BewG gehört das Erbbaurecht zum Grundvermögen und wird für erbschaftsteuerliche Zwecke gesondert zum Bewertungsstichtag bewertet. Beim Erbbaurecht ist zu unterscheiden zwischen dem belasteten Grundstück und dem Erbbaurecht. Nach § 1 Abs. 1 ErbbauRG ist das Erbbaurecht „ein dingliches Recht auf oder unter der Oberfläche eines Grundstückes ein Bauwerk zu haben". Das auf dem Grundstück errichtete Gebäude wird nicht Bestandteil des Grundstückes sondern ist Bestandteil des Erbbaurechtes (§ 12 Abs. 1 Satz 1 ErbbauRG). Der Erbbauzins ist eine Reallast des Erbbaurechtes (§ 9 Abs. 1 ErbbauRG).

114 Der zivilrechtlichen Rechtslage entsprechend wird bei der Bewertung von Erbbaufällen unterschieden zwischen
- der Bewertung des Erbbaurechtes und
- der Bewertung des belasteten Grundstückes,

jeweils als eigenständige wirtschaftliche Einheit (§ 192 BewG).

115 **a) Bewertung des Erbbaurechts.** Bei der Bewertung des Erbbaurechtes im Einheitswertverfahren nach § 92 BewG und für die Grunderwerbsteuer nach § 148 BewG wird davon ausgegangen, dass die Summe der Werte nicht größer sein kann als der Gesamtwert des bebauten Grundstückes. Für die Zwecke der Erb-

schaftsteuer wird von dieser Beschränkung abgegangen. Es erfolgt eine vollständig getrennte Bewertung
- für das Erbbaurecht nach § 193 BewG,
- für das Erbbaugrundstück nach § 194 BewG.

116 **aa) Vergleichswertverfahren.** Die Bewertung des Erbbaurechtes ist vorrangig im Vergleichswertverfahren durchzuführen (§ 193 Abs. 1 BewG).
Dies setzt allerdings voraus, dass für das zu bewertende Erbbaurecht Kaufpreise vergleichbarer Erbbaurechte oder Vergleichsfaktoren bezogen auf vergleichbare Grundstücke vorliegen,
- innerhalb der gleichen Grundstücksart,
- mit etwa gleich hohen Erbbauzinsen,
- in Gebieten mit etwa gleichen Bodenwerten,
- mit gleichen Restlaufzeiten des Erbbaurechtes und
- gleichen Anpassungsmöglichkeiten des Erbbauzinses.

117 Da dies regelmäßig nicht zu erwarten ist, wird in der Praxis eine Bewertung nach dem Vergleichswertverfahren regelmäßig ausscheiden (so auch Hegemann 2009, 128 mit Hinweis auf Eisele 2008, 695, 705).

118 **bb) Finanzmathematisches Verfahren.** Kann das Vergleichswertverfahren nicht angewendet werden, ist das Erbbaurecht aus dem Bodenwertanteil und dem Gebäudewertanteil nach § 193 Abs. 2 BewG zu ermitteln.

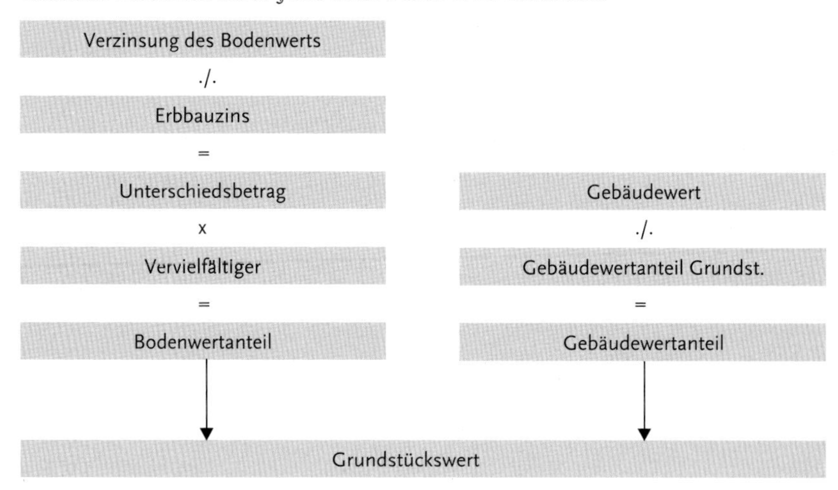

Abb. 7: Erbbaurecht Grundstückswert

Die Ermittlung des Bodenwertfaktors erfolgt nach § 193 Abs. 3 BewG. Der Wert ergibt sich aus der Differenz zwischen dem Betrag einer angemessenen Verzinsung des Bodenwertes des unbelasteten Grundstückes und dem vertraglich vereinbarten jährlichen Erbbauzins. Die Differenz ist über die Restlaufzeit des Erbbaurechtes im Bewertungszeitpunkt zu kapitalisieren.

119

Beispiel: (nach § 193 Abs. 4 BewG)
Einfamilienhaus, beschränkt mit Erbbaurecht in Höhe von 1.200 € jährlich.
Die Restlaufzeit des Erbbaurechts beträgt 30 Jahre.

Bodenwert (§ 179)	70.000 €
(Fläche x Bodenrichtwert)	
Wert des Erbbaugrundstücks (Bodenwertanteil)	
Verzinsungsbetrag	
§ 193 Abs. 4 Nr. 1 BewG 3 %	2.100 €
vereinbarter Erbbauzins	1.200 €
	900 €
Kapitalisiert (Anlage 21 BewG)	
19,60-fache Wert des Erbbaurechts	17.640 €

120 Die Bereicherung durch das Erbbaurecht bezogen auf den Bodenwert ergibt sich dadurch, dass der Erbbauberechtigte für die Dauer der Restlaufzeit nicht den vollen Verzinsungsbetrag des Bodenwertes zahlen muss. Der Bodenwertanteil kann allerdings auch negativ sein.

121 Ist bei Ablauf der Gebäudewert nicht oder nur teilweise zu entschädigen, ist der Gebäudewertanteil des Erbbaurechts um den Gebäudewertanteil des Erbbaugrundstücks zu mindern. Der Gebäudewertanteil ergibt sich nach § 193 Abs. 5 BewG nach dem Ertragswertverfahren als Gebäudeertragswert nach § 185 BewG oder nach dem Sachwertverfahren nach § 190 BewG. Das Verfahren ist abhängig von der Grundstücksart, der das Gebäude zuzurechnen ist.

122 **b) Bewertung des belasteten Grundstückes** Die Berechnung des mit einem Erbbaurecht belasteten Grundstückes erfolgt nach § 194 BewG.

123 **aa) Vergleichswertverfahren.** Die Bewertung des belasteten Grundstückes ist vorrangig nach dem Vergleichswertverfahren vorzunehmen. Notwendig ist aber, dass entweder Vergleichskaufpreise oder Vergleichsfaktoren vorliegen (§ 194 Abs. 1 BewG). Wenn das Vergleichsverfahren nicht angewendet werden kann, ist das finanzmathematische Verfahren nach § 194 Abs. 2 BewG anzuwenden.

124 **bb) Finanzmathematisches Verfahren.** Beim finanzmathematischen Verfahren bildet der Bodenwertanteil (nach § 194 Abs. 3 BewG) und der Gebäudewertanteil (nach § 194 Abs. 4 BewG) den Wert des Erbbaurechtes.
Der Bodenwert ist die Summe der über die Restlaufzeit im Bewertungszeitpunkt anfallenden kapitalisierten Erbbauzinsen.

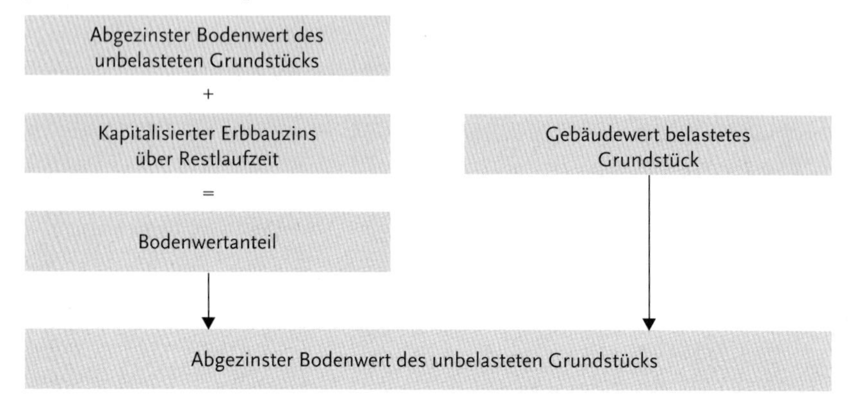

Abb. 8: Erbbaurecht Grundstücksbwertung

125

Beispiel: (wie oben)

Bewertung Grund und Boden 70.000 €	
Abzinsung RLZ 30 Jahre	
Anlage. 26 BewG 0,4120	28.840 €
Kapitalwert der Erbbauzinsen	
1.200 € x 19,6	23.520 €
Gebäudewertanteil 230.000 €	
Abgezinst 0,4120	94.760 €
Wert des Erbbaugrundstücks	147.120 €

126 **4. Nießbrauch. – a) Bewertung des Nießbrauchs (§ 14 BewG).** Die Kapitalisierung des Nießbrauchrechts erfolgt mit dem Faktor, der sich aus der Anlage 9 zum BewG entnehmen lässt.

127 **b) Bewertung des belasteten Grundstücks.** Von dem nach den Bewertungsvorschriften für das Grundstück ermittelten Wert wird die Belastung des Nießbrauchs abgezogen. Da der Wert des unbelasteten Grundstücks nach anderen Methoden bewertet wird als der Nießbrauch, können sich Gestaltungsmöglichkeiten ergeben.

Wie nachfolgendes Beispiel zeigt, kann Vermögen unter Nießbrauchsvorbehalt sogar steuerfrei übertragen werden, wenn der Kapitalisierungsfaktor des Nießbrauchs höher ist als der Multiplikator der Jahreserträge. Dies ist insbesondre möglich wenn frühzeitig unter Nießbrauchsvorbehalt übertragen wird.

128

Beispiel:
(aus: Lüdicke/Fürwendtsches DB 2009 12 [14])

Der 45-jährige Vater überträgt ein Mietwohngrundstück auf seinen Sohn, aus dem er 120.000 € Netto-Kaltmiete erzielt. Nutzen und Lasten behält sich der Vater im Rahmen eines Nießbrauchs vor. Der gemeine Wert der Immobilie beträgt 1.560.000 € (13-fache Netto-Kaltmiete). Der Steuerwert beträgt (§ 13c Abs. 1 ErbStG) 90 %, d. h. 1.404.000 €. Der Wert des Nießbrauchs ist als Verbindlichkeit abzugsfähig:

Jahreswert des Nießbrauchs	120.000 €
Maximal 1.560.000 €: 18,6 (§ 16 BewG)	83.871 €
Vervielfältiger 14,03 (§ 14 Abs. 1 BewG Anlage 9)	1.176.710 €
abzugsfähig i. H. von 90 % (§ 10 Abs. 6 Satz 3 ErbStG)	1.059.039 €
Steuerwert der Immobilie	1.404.000 €
Belastung Nießbrauch	–1.059.039 €
Steuerlicher Erwerb	344.961 €
Freibetrag (§ 16, Stkl. I)	400.000 €
Steuerpflichtiger Erwerb	0 €

129

5. Bewertung von Betriebsvermögen und Anteilen an Personengesellschaften. Für Zwecke der Erbschaft- und Schenkungsteuer ist gewerbliches Betriebsvermögen (§ 95 BewG) und Betriebsvermögen von freiberuflich Tätigen (§ 96 BewG) mit dem gemeinen Wert zum Stichtag des Vermögensübergangs anzusetzen. Der Umfang des Betriebsvermögens wird durch die ertragsteuerlichen Vorschriften (§ 15 EStG) bestimmt. Der gemeine Wert wird ermittelt aus Verkäufen, die weniger als ein Jahr zurückliegen (§ 109 Abs. 1 BewG). Da dies nur im Ausnahmefall zutreffen wird, ist ein gemeiner Wert zu schätzen. Für diese Schätzung beschreibt das Gesetz in den §§ 199–203 BewG ein vereinfachtes Ertragswertverfahren (ausführlich beschrieben in Rn. 137–160). Dieses Verfahren kann angewendet werden, wenn es nicht zu offensichtlich unzutreffenden Ergebnissen führt (§ 199 Abs. 2 BewG).

130 Der Wert eines Anteils an einem Betriebsvermögen entsprechend § 97 BewG (z. B. ein Anteil an einer gewerblich tätigen BGB-Gesellschaft, offenen Handelsgesellschaft oder Kommanditgesellschaft) wird anteilsmäßig entsprechend § 97 Abs. 1a BewG nach der Beteiligungsquote ermittelt.

131 In einem ersten Schritt wird der Wert der Kapitalkonten den einzelnen Gesellschaftern direkt zugerechnet. Der dann noch verbleibende Rest des Wertes wird entsprechend dem allgemeinen Gewinnverteilungsschlüssel (ohne Vorabgewinnanteile) den Gesellschaftern zugerechnet. Vorhandenes Sonderbetriebsvermögen wird dem betroffenen Gesellschafter direkt zugeordnet.

132 **Beispiel:**
An der AB KG sind die Gesellschafter A und B jeweils zu 50 % am Gewinn und Vermögen beteiligt. Das Kapitalkonto des A in der Gesellschaft beträgt am Bewertungsstichtag 100.000 €. Das Kapitalkonto des B beträgt 120.000 €. Der gemeine Wert der Gesellschaft berechnet sich nach dem vereinfachten Ertragswertverfahren 750.000 €. Das von der Gesellschaft genutzte Betriebsgrundstück hat einen gemeinen Wert von 150.000 €.

	Gesamt	**A**	**B**
Gemeiner Wert des Betriebsvermögens	900.000 €		
./. Vorabzurechnung der Kapitalkonten	–220.000 €	100.000 €	120.000 €
	680.000 €	340.000 €	340.000 €
Wert des Sonderbetriebsvermögens	150.000 €	150.000 €	0 €
	830.000 €	590.000 €	460.000 €

133 **6. Bewertung von Anteilen an Kapitalgesellschaften.** Für die Bewertung von Anteilen an Kapitalgesellschaften ist ein Wert auf den Zeitpunkt der Steuerentstehung gesondert festzustellen (§ 12 Abs. 2 ErbStG).

134 **a) Kurswert.** Börsennotierte Anteile an Kapitalgesellschaft, die an einer inländischen Börse gehandelt werden, sind mit dem niedrigsten notierten Börsenkurs am Stichtag zu bewerten (§ 11 Abs. 1 BewG). An ausländischen Börsen notierte Anteile an Kapitalgesellschaften werden nach § 11 Abs. 2 BewG mit dem Wert von Verkäufen bewertet, die nicht länger als ein Jahr zurückliegen (§ 11 Abs. 2 BewG).

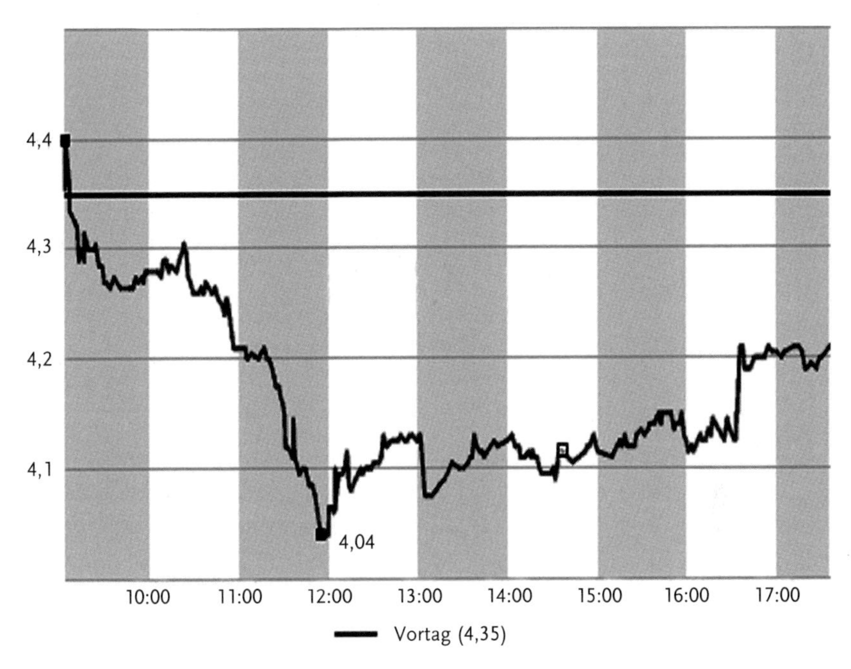

Abb. 9: Beispielverlauf eines Kurswerts

Entsprechend dem Beispielverlauf wird der Wert mit 4,04 € festgestellt.

135 **b) Ableitung des gemeinen Wertes aus Verkäufen**. Anteile an Aktiengesellschaften, die nicht an einer inländischen Börse gehandelt werden, und GmbHs werden zum gemeinen Wert der Anteile entsprechend § 11 Abs. 2 BewG in erster Linie aus Verkäufen unter fremden Dritten abgeleitet. Dabei sind jedoch nur Verkäufe zu berücksichtigen, die weniger als ein Jahr zurückliegen. Der gemeine Wert nicht notierter Anteile an einer Kapitalgesellschaft kann auch aus einem einzigen Verkauf abgeleitet werden, wenn Gegenstand des Kaufes nicht nur ein Zwerganteil ist (ErbStR zu § 11 R 95 Abs. 3 Satz 3). Es können jedoch nur Kurse und Verkaufserlöse berücksichtigt werden, die im gewöhnlichen Geschäftsverkehr erzielt worden sind (ErbStR zu § 11 R 95 Abs. 3 Satz 6).
Die Ermittlung erfolgt nach § 151 Abs. 1 Nr. 3 BewG durch gesonderte Feststellung nach § 179 AO.

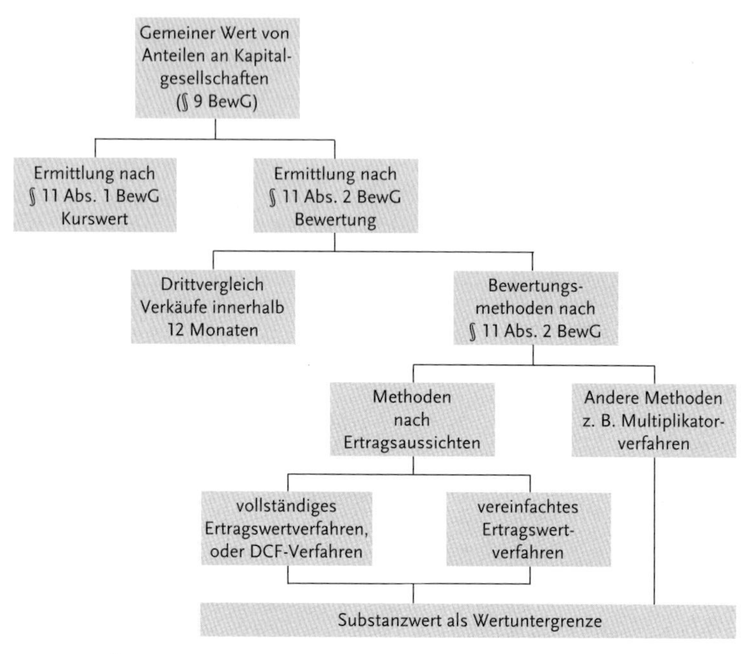

Abb. 10: Übersicht über die Bewertungsverfahren zum gemeinen Wert

136 **c) Ermittlung unter Berücksichtigung der Ertragsaussichten.** Lässt sich der Wert nicht aus Verkäufen ableiten, dann ist er unter Berücksichtigung der Ertragsaussichten der Kapitalgesellschaft zu entwickeln (§ 11 Abs. 2 Satz 2 BewG). Nach § 11 Abs. 2 Satz 6 BewG sind bei dieser Ermittlung die §§ 199–203 BewG zu berücksichtigen.

137 **aa) Vereinfachtes Ertragswertverfahren.** Der Gesetzgeber bietet hierfür das vereinfachte Ertragswertverfahren als Methode an, wenn dieses nicht zu offensichtlich unzutreffenden Ergebnissen führt (§§ 199 Abs. 1, 200–203 BewG). Wann ein offensichtlich unzutreffendes Ergebnis vorliegt und dann ein alternatives Verfahren zur Ermittlung des Wertes aus den Ertragsaussichten angewendet werden muss, lässt das Gesetz offen. Die Gesetzesbegründung gibt als Beispiel an, dass dies vorliegt, *„wenn sich im Rahmen von Erbauseinandersetzungen oder aus zeitnahen Verkäufen, auch nach dem Bewertungsstichtag, Erkenntnisse über den Wert des Unternehmens oder der Beteiligung herleiten lassen"* (Begründung des Finanzausschusses zu § 199).

138 Das vereinfachte Ertragswertverfahren war ursprünglich im Entwurf des Erbschaftsteuerreformgesetzes als Verordnungsermächtigung ins Gesetz aufgenommen worden. Im weiteren Gesetzgebungsverfahren war der Finanzausschuss dann aber zu dem Ergebnis gelangt, das Verfahren unmittelbar ins Gesetz aufzunehmen.

139 Das vereinfachte Ertragswertverfahren *„soll die Möglichkeit bieten, ohne großen Ermittlungsaufwand oder Kosten für ein Gutachten einen objektivierten Unternehmens – bzw. Anteilswert auf der Grundlage der Ertragsaussichten nach § 11 Abs. 2 Satz 2 Bewertungsgesetz zu ermitteln"* (Begründung des Finanzausschusses zur Beschlussempfehlung von § 199 Bewertungsgesetz).

140 Das vereinfachte Ertragswertverfahren ermittelt einen zukünftig nachhaltig erzielbaren Jahresertrag aus der Gewinn- und Verlustrechnung als Differenz zwischen Aufwendungen und Erträgen und multipliziert diesen Wert mit einem Kapitalisierungsfaktor. Finanzmathematisch entspricht dies dem Kapitalwert einer ewigen Rente mit einem konstanten Jahresertrag.

141 Nach § 201 Abs. 1 Satz 1 2. Hs. BewG bleiben bei einem Anteil am Betriebsvermögen, Ergebnisse aus den **Sonderbilanzen und Ergänzungsbilanzen** unberücksichtigt. Der Umfang des Betriebsvermögens ergibt sich nach den ertragsteuerlichen Vorschriften. Das Betriebsvermögen einer Personengesellschaft umfasst neben dem Vermögen der Gesellschaft (Gesamthandsvermögen) auch das Sonderbetriebsvermögen und evtl. Ergänzungsbilanzen der Gesellschafter. Dies ergibt sich aus der Verweisung des § 151 Abs. 1 Nr. 2 BewG auf die §§ 95, 96, 97 BewG. Hierzu bestimmt § 97 Abs. 1a BewG die Aufteilung des mit dem gemeinen Wertes bestimmten Gesamtwertes des Betriebsvermögens auf die Gesellschafter in folgender Reihenfolge:

Tab. 2: Aufteilung des gemeinen Wertes einer Personengesellschaft auf die Gesellschafter

1. Schritt:	Vorwegzurechnung der Kapitalkonten auf die Gesellschafter
2. Schritt:	Verteilung des verbleibenden Wertes nach dem Gewinnverteilungsschlüssel. Gesellschaftsvertragliche Vorabgewinnanteile (z. B. Tätigkeitsvergütungen, Kapitalkontenverzinsungen, Sonderbetriebsaufwendungen) werden nicht berücksichtigt (§ 97 Abs. 1a Nr. 1 b) BewG)
3. Schritt:	Für die Wirtschaftsgüter des Sonderbetriebsvermögens eines Gesellschafters ist der gemeine Wert (nach den allgemeinen Vorschriften) zu bewerten (§ 97 Abs. 1a Nr. 2 BewG).
4. Schritt:	Der Wert des Anteils ergibt sich als Summe der Werte aus Schritt 1–3 (§ 97 Abs. 1a Nr. 3 BewG).

142 **Beispiel:**

An der ABC-OHG sind die Gesellschafter A, B, C jeweils zu einem Drittel beteiligt. Der gemeine Wert des Unternehmens beträgt 1.000.000 €. Die Gesellschaft betreibt ihre Geschäfte auf dem im Eigentum des A stehenden Geschäftsgrundstücks. Dieses hat unbestritten einen gemeinen Wert von 500.000 €.

Der Gesellschaftsvertrag sieht folgende Gewinnverteilung vor: Der Gesellschafter A erhält vorab eine Tätigkeitsvergütung in Höhe von 50.000 €. Der Restgewinn wird gleichmäßig verteilt. Der Gesellschafter A überträgt mit Zustimmung der anderen Gesellschafter die Hälfte seines Gesellschaftsanteils auf seinen Sohn S im Wege der vorweggenommenen Erbfolge zum 31.12.2009. Der Jahresüberschuss 2009 betrug 350.000 €. Zum Zeitpunkt der Übertragung haben die Gesellschafterkonten folgenden Stand:

Gesellschafter A	120.000 €
Gesellschafter B	90.000 €
Gesellschafter C	70.000 €

Der Wert des übertragenen Anteils wird wie folgt ermittelt:

Wert des Kapitalkontos		120.000 €
Anteiliger gemeiner Wert des Unternehmens		
Gemeiner Wert	1.000.000 €	
Abzgl. Kapitalkonten	280.000 €	
	720.000 €	
davon 1/3		240.000 €
		360.000 €
zzgl. gemeiner Wert Sonderbetriebsvermögen		500.000 €
		860.000 €
Übertragen 1/2		430.000 €

143 Das vereinfachte Ertragswertverfahren ermittelt das **nicht betriebsnotwendige Vermögen** gesondert mit seinem gemeinen Wert neben dem Ertragswert (§ 200 Abs. 2 BewG). Der Finanzausschuss führt als Begründung hierzu an: „*Können Wirtschaftsgüter und mit diesen im Zusammenhang stehende Schulden aus dem Unternehmen herausgelöst werden, ohne die eigentliche Unternehmenstätigkeit zu beeinträchtigen, werden diese Wirtschaftsgüter als nicht betriebsnotwendiges oder neutrales Vermögen bezeichnet (z. B. ein Mietwohngrundstück bei einem Produktionsunternehmen). Das nicht betriebsnotwendige Vermögen ist zusätzlich zu dem Ertragswert gesondert zu erfassen.*" Die Bewertung ergibt sich nach den allgemeinen Verfahren des BewG. Der Gesetzgeber ist der Auffassung, dass dies auch dem auf betriebswirtschaftlichen Grundsätzen beruhenden Ertragswertverfahren entspricht. Korrespondierend werden dann auch im Betriebsergebnis enthaltene Erträge und Aufwendungen ausgeschieden.

144 **Beteiligungen** im Betriebsvermögen werden ebenfalls gesondert bewertet (§ 200 Abs. 3 BewG). Als Methode kommt in den meisten Fällen ebenfalls das vereinfachte Ertragswertverfahren zum Ansatz. Eine Einbeziehung in das Ertragswertverfahren wäre nach der Begründung des Gesetzgebers *„insbesondere dann ungeeignet, wenn es sich um eine Beteiligung an einer Kapitalgesellschaft handelt, die ihre Gewinne in den Jahren vor dem Bewertungsstichtag in nicht unerheblichem Maße thesauriert hat"*. Bei der Beteiligung muss es sich um betriebsnotwendiges Vermögen handeln.

145 Innerhalb von zwei Jahren vor dem Bewertungsstichtag **eingelegte Wirtschaftsgüter** des betriebsnotwendigen Vermögens und dazu gehörende Schulden werden neben dem Ertragswert mit ihrem gemeinen Wert angesetzt. (§ 200 Abs. 4 BewG). Als Begründung führt der Finanzausschuss aus: *„Nicht im Ertragswertverfahren, sondern gesondert berücksichtigt werden auch solche Wirtschaftsgüter und Schulden, die innerhalb von 2 Jahren vor dem Bewertungsstichtag eingelegt wurden. Insbesondere solche eingelegten Wirtschaftsgüter, die einen hohen gemeinen Wert bei relativ geringer Rendite haben, würden nicht hinreichend im Ertragswert abgebildet. Die Regelung dient der Missbrauchsvermeidung. Damit zusammenhängende Erträge und Aufwendungen sind bei der Ermittlung des Jahresertrags auszuscheiden."*

146 Die Ermittlung des gemeinen Wertes von Unternehmen bzw. Unternehmensanteilen nach dem vereinfachten Ertragswertverfahren wird nach folgendem Schema vorgenommen:

147

Zukünftig nachhaltig erzielbarer Jahresertrag x Kapitalisierungsfaktor
= Ertragswert (§ 200 Abs. 1 BewG)
+ gemeiner Wert des nicht betriebsnotwendigen Vermögens (§ 200 Abs. 2 BewG)
+ gemeiner Wert der Anteile von Beteiligungen (§ 200 Abs. 3 BewG)
+ gemeiner Wert der Wirtschaftsgüter, die innerhalb von zwei Jahren vor dem Bewertungsstichtag eingelegt wurden (§ 200 Abs. 4 BewG)
= gemeiner Wert des Betriebsvermögens

148 **Zukünftig nachhaltig erzielbarer Jahresertrag (§ 201 BewG).** Für die Ermittlung des zukünftig nachhaltig erzielbaren Jahresertrags wird der Mittelwert aus den tatsächlich erzielten Betriebsergebnisse der letzten drei vor dem Bewertungsstichtag abgelaufenen Wirtschaftsjahre herangezogen (§ 201 Abs. 2 BewG). Nach Auffassung des Finanzausschusses *(in der der Begründung zu § 201 BewG)* ist der Wert eines Unternehmens auch nach dem vereinfachten Ertragswertverfahren zukunftsbezogen zu ermitteln. *„Ohne Finanzplanungsdaten entsprechende Finanzplandaten muss dieser anhand des in der Vergangenheit erzielten Durchschnittsertrags geschätzt werden."* Diese Formulierung lässt vermuten, dass der Gesetzgeber die Vorlage einer Finanzplanung als Voraussetzung für die Abkehr vom vereinfachten Ertragswertverfahren als Voraussetzung sieht.

149 Allerdings sind die Betriebsergebnisse nur eine, allerdings wichtige *„Orientierungshilfe"*. Der Gesetzgeber sieht aber in § 201 Abs. 3 BewG auch die Möglichkeit bei strukturellen Unterschieden innerhalb des dreijährigen Referenzzeitraums, bei Umwandlungen oder Einbringung von Betrieben die Durchschnittermittlung *„entsprechend zu korrigieren"*. Dem entspricht auch die Einbeziehung des letzen auch am Bewertungsstichtag noch nicht abgeschlossenen Wirtschaftsjahres anstelle des ältesten Betriebsergebnisses als Möglichkeit (§ 201 Abs. 2 BewG).

150 **Ermittlung des Betriebsergebnisses (§ 202 BewG).** Betriebsergebnis ist das nach ertragsteuerlichen Regeln ermittelte Ergebnis bereinigt um außerordentliche oder aperiodische Aufwendungen und Erträge, die im Einzelnen in § 202 Abs. 1 BewG aufgelistet werden. Die Ertragsteuern werden pauschaliert mit 30 % berücksichtigt (§ 202 Abs. 3 BewG).

151 Danach ergibt sich zusammenfassend folgendes Berechnungsschema:

Tab. 3: Ermittlung des steuerlichen Betriebsergebnisses

	Ausgangswert: Gewinn i. S. d. § 4 Abs. 2 Satz 1 EStG (ohne Ergebnisse aus Ergänzungs- und Sonderbilanzen)
+	Investitionsabzugsbeträge, Sonderabschreibungen und erhöhte Absetzungen, Bewertungszuschläge, Zuführung zu steuerlichen Rücklagen, Teilwertabschreibungen (es sind nur die normalen [linearen] AfA zu berücksichtigen). (§ 202 Abs. 1 Nr. 1 a) BewG)
+	Absetzungen auf den Geschäfts- oder Firmenwert und auf firmenwertähnliche Wirtschaftsgüter (§ 202 Abs. 1 Nr. 1 b) BewG)
+	außerordentliche Aufwendungen und einmalige Veräußerungsverluste (§ 202 Abs. 1 Nr. 1 c) BewG)
+	im Gewinn nicht enthaltene Investitionszulagen (§ 202 Abs. 1 Nr. 1 d) BewG)
+	Ertragsteueraufwand (KSt, Zuschlagsteuern, GewSt) (§ 202 Abs. 1 Nr. 1 e) BewG)
+	Aufwendungen im Zusammenhang mit nicht betriebsnotwendigem Vermögen und zeitnahen Einlagen (§ 200 Abs. 2, 4 BewG) (§ 202 Abs. 1 Nr. 1 f) BewG)

	Zwischensumme nach Hinzurechnungen
–	Gewinn erhöhende Auflösung steuerfreier Rücklagen sowie Gewinne aus Zuschreibungen (§ 202 Abs. 1 Nr. 2 a) BewG)
–	außerordentliche Erträge und Veräußerungsgewinne (§ 202 Abs. 1 Nr. 2 b) BewG)
–	im Gewinn enthaltene Investitionszulagen (§ 202 Abs. 1 Nr. 2 c) BewG)
–	angemessener Unternehmerlohn, soweit er im Ergebnis nicht berücksichtigt worden ist, fiktiver Lohnaufwand für unentgeltlich tätige Familienangehörige (§ 202 Abs. 1 Nr. 2 d) BewG)
–	Erträge aus Erstattungen von Ertragsteuern (KSt, Zuschlagsteuern, GewSt) (§ 202 Abs. 1 Nr. 2 e) BewG)
–	Erträge aus nicht betriebsnotwendigem Vermögen und zeitnahen Einlagen (§ 202 Abs. 1 Nr. 2 f) BewG)
	Zwischensumme nach Hinzurechnungen und Kürzungen
+/–	hinzuzurechnen/abzuziehen wirtschaftlich nicht begründete Vermögensminderungen/-erhöhungen mit Einfluss auf den zukünftig nachhaltig zu erzielenden Jahresertrag, soweit bisher nicht berücksichtigt (§ 202 Abs. 1 Nr. 3 BewG)
–	Pauschalierter Ertragsteueraufwand aus einem positiven Betriebsergebnis in Höhe von 30 % (§ 202 Abs. 3 BewG)
=	**Betriebsergebnis**

152 Anstelle des Bilanzgewinns ist für nicht bilanzierungspflichtige Gewerbebetreibende und Freiberufler die steuerlichen Gewinnermittlungsvorschriften der Einnahme-Überschussrechnung nach § 4 Abs. 3 EStG anzusetzen (§ 202 Abs. 2 BewG).

153 **Pauschalierte Ertragsteuer.** Das vereinfachte Ertragswertverfahren soll rechtsformneutral ausgestaltet sein, damit es sowohl für Kapitalgesellschaften als auch für Personengesellschaften zu einem zutreffenden gemeinen Wert kommt. Das vereinfachte Ertragswertverfahren berücksichtigt daher die Steuern auf Unternehmensebene mit einem pauschalierten Satz von 30 %. Die tatsächlich im Ergebnis berechneten Ertragssteuern (Körperschaftssteuer, Gewerbesteuer) werden nach § 202 Abs. 1 Nr. 1e, 2e BewG neutralisiert. Der Satz entspricht nach der Begründung des Gesetzgebers der künftigen Unternehmensteuerlast sowohl für Kapitalgesellschaften als auch für Personengesellschaften.

154 Für Kapitalgesellschaften ergibt sich dieser Belastungssatz bei einem Körperschaftsteuersatz von 15 % und einem Gewerbesteuersatz von 15 %, der sich ergibt aus einer Gewerbesteuermesszahl von 3,5 % bei einem Hebsatz von 429. Dabei sind Hinzurechnungen und Kürzungen nicht enthalten.

155 Für Einzelunternehmen und Personengesellschaften unterstellt der Gesetzgeber ebenfalls einen pauschalierten Ertragsteuersatz von 30 %. Dieser Satz soll sich bei der Thesaurierungsbegünstigung des § 34a EStG ergeben. Diese Meinung ist umstritten (Eisele, Erbschaftsteuerreform 2009, S. 196; Halaczinsky/Riedel, Das neue Erbschaftsteuerrecht S. 133).

156 **Kapitalisierungsfaktor.** Der Kapitalisierungsfaktor ist der Kehrwert eines Kapitalisierungszinssatzes (§ 203 Abs. 3 BewG). Dieser errechnet sich aus dem Zinssatz langfristiger öffentlicher Anleihen. Die Bundesbank errechnet zu Beginn jeden Jahres diesen Zinssatz, der dann für alle Bewertungsstichtage dieses Jahres gilt (§ 203 Abs. 2 BewG). Der Zinssatz wird im BStBl. veröffentlicht. Für das gegenüber öffentlichen Anleihen höhere Risiko ist ein Risikozuschlag in Höhe von 4,5 % zu berücksichtigen (§ 203 Abs. 1 BewG).

157 Der von der Deutschen Bundesbank auf den 2. Januar 2009 ermittelte Zinssatz für langfristig erzielbare Renditen aus öffentlichen Anleihen beträgt 3,61 %. Das BMF hat diesen Zinssatz mit Schreiben vom 7.1.2009 (Az. – IV C 2 – S 3102/07/0001 – BStBl. 2009 I, 14) veröffentlicht. Der Kapitalisierungsfaktor für alle Bewertungen von Übertragungen im Jahre 2009 beträgt danach 12,33.

$$\text{Kapitalisierungsfaktor} = \frac{1}{3{,}61\% + 4{,}5\%} = 12{,}33$$

158 Der Kapitalisierungszuschlag berücksichtigt nach der Begründung des Finanzausschusses *„pauschal neben dem Unternehmensrisiko auch andere Korrekturposten z. B. Fungibilitätszuschlag, Wachstumsabschlag oder inhaberabhängige Faktoren. Branchenspezifische Faktoren werden in dem hier geregelten typisierenden Verfahren durch einen Beta-Faktor von 1,0 berücksichtigt, weil dann die Einzelrendite wie der Markt schwankt. Eine Korrektur wegen der Ertragsteuerbelastung ist nicht vorzunehmen, weil die Berücksichtigung der Betriebssteuern bereits bei der Ermittlung des Jahresertrages (§ 202 BewG) erfolgt. Zudem wird der Basiszinssatz als Vergleichsgröße vor Berücksichtigung der persönlichen Steuerbelastung des Unternehmens/Anteilsinhabers zugrunde gelegt. Diese besteht hier in gleicher Höhe wie bei anderen Vermögensanlagen, die der Abgeltungssteuer unterliegen, z. B. öffentlichen Anleihen, aus denen auch der Basiszinssatz abgeleitet wird."*

159 Vereinfacht (ohne Berücksichtigung von Hinzurechnungen und Abrechnungen) lässt sich damit der Wert des Betriebsvermögens bzw. des Anteils am Betriebsvermögen bei einer bekannten Eigenkapitalrendite mit dem Faktor

12,33 x Eigenkapital zum Stichtag näherungsweise (wenn der Jahresüberschuss dem Betriebsergebnis entspricht) nach folgender Formel ermitteln:

Unternehmenswert = Eigenkapitalrendite x Eigenkapital
x Kapitalisierungsfaktor

160

Beispiel:
Bei einem Eigenkapital von 100.000 € und einer Eigenkapitalrendite von 35 % (Einzelfirma/Personengesellschaft nach Abzug von pauschaliertem Unternehmerlohn) beträgt der Unternehmenswert 431.550 €.

Bei einer Kapitalgesellschaft (GmbH) mit einem Eigenkapital von 250.000 € (Jahresüberschuss zuzüglich Gewinnvortrag) und einer Rendite von 20 % beträgt der Unternehmenswert 616.500 €.

161

bb) Andere Ertragswertverfahren. Das vereinfachte Ertragswertverfahren nach den §§ 119–203 BewG soll dann nicht angewendet werden, wenn es zu offensichtlich unzutreffenden Ergebnissen führt. Das Gesetz lässt offen, wann ein Ergebnis offensichtlich unzutreffend ist.

→ Weiterführende Informationen: Vereinfachtes Ertragswertverfahren: Wann Ergebnis unzutreffend?

162

d) Andere Bewertungsverfahren nach § 11 Abs. 2 BewG. Andere Bewertungsverfahren sind begriffsnotwendig Methoden, die nicht nach den Ertragsaussichten zu einem Ergebnis gelangen. Sie müssen im gewöhnlichen Geschäftsverkehr für außersteuerliche Zwecke üblich sein, und ein (gedachter) Erwerber muss sie bei der Bemessung des Kaufpreises zugrunde legen. Verfahren, die diese Vorgaben erfüllen, sind z. B. Multiplikatorverfahren. Sie errechnen den Wert eines Unternehmens aus einer Bezugsgröße mit einem Multiplikator. Dabei werden die Multiplikatoren als beobachtbare Ergebnisse von repräsentativen Unternehmenstransaktionen angesehen.

163

Als Bezugsgrößen für die Multiplikatoren dienen
- Ergebnisgrößen (meist Proformakennzahlen wie EBIT, EBT, EBITDA)
- Umsatzgrößen
- Produktmengengrößen.

164

Bei der Multiplikation von Ergebnisgrößen handelt es sich vielfach um vereinfachte Verfahren, bei denen die Multiplikatoren auch als Kapitalisierungsfaktoren von Ertragsgrößen interpretiert werden können. Produktmengen als Bezugsgrößen sind weniger üblich. Umsatzmultiplikatoren sind ebenfalls als sonstige Verfahren i. S. des § 11 Abs. 2 BewG anzusehen. Diese Verfahren werden bei Transaktionen von freiberuflichen Unternehmen (Steuerberatern, Rechtsanwälten, Wirtschaftsprüfern und Ärzten) oder anderen Dienstleistern angewendet. Unternehmenswerte dieser Gruppen werden oftmals weitgehend durch den Wert des verkehrsfähigen Kundenstamms geprägt (IDW S 1 Rn. 166) Bei den Multiplikatoren handelt es sich um marktorientierte Bewertungsansätze, die auf Preisen aufbauen, die bei stattgefundenen Transaktionen bereits beobachtbar waren. Die Bewertung mit Multiplikatoren basiert auf der Annahme, dass ähnliche Unternehmen, die bereits im Rahmen einer Unternehmenstransaktion bewertet wurden, wie das zu bewertende Unternehmen bewertet würden.

165 **7. Bewertung des sonstigen Vermögens.** Der Ansatz des sonstigen Vermögens erfolgt nach den Vorschriften des allgemeinen Teils des BewG nach den allgemeinen Bewertungsvorschriften.

166 Die folgende Übersicht stellt diese Vermögensarten mit den für sie geltenden Bewertungsvorschriften im Überblick dar (die Darstellung erfolgt in Anlehnung an Eisele Erbschaftsteuerreform 2009 S. 209). Der Hinweis auf die ErbStR 2003 hat für die nicht von der Änderung des ErbStRG betroffenen Wirtschaftsgüter bis zur Bekanntgabe neuer Richtlinien noch Gültigkeit.

Tab. 4: Bewertung sonstiger Vermögenswerte

	Gegenstand des Erwerbs	Wertansatz/Bewertungsmaßstab und Rechtsgrundlage	Richtlinien und Hinweise
a)	Körperliche Gegenstände	Gemeiner Wert (§ 9 BewG)	R 94 ErbStR 2003
b)	Kapitalforderungen	Nennwert (§ 12 BewG)	R 109 ErbStR 2003
c)	Sachleistungsansprüche aus gegenseitigen Verträgen	Gemeiner Wert (§ 9 BewG)	R 92 Abs. 1 ErbStR 2003
d)	Einseitige Sachleistungsansprüche (auch Sachvermächtnisse)	Steuerwert des Gegenstandes des Sachleistungsanspruchs	R 92 Abs. 2 ErbStR 2003
e)	Nicht notierte Wertpapiere (Forderungsrechte)	Nennwert (§ 12 BewG)	R 95 Abs. 2 Nr. 2 ErbStR 2003
f)	Bundesschatzbriefe A	Nennwert (§ 12 BewG)	R 110 Abs. 1 ErbStR 2003
	Bundesschatzbriefe B	Rückzahlungswert zum Stichtag	
g)	unverzinsliche Schatzanweisungen (z. B. Finanzierungsschätze des Bundes)	Stichtagswert	R 110 Abs. 2 ErbStR 2003

h)	Forderungen aus abgezinsten Sparbriefen	Stichtagswert	R 110 Abs. 3 ErbStR 2003
i)	Zero-Bonds (nicht börsennotiert)	Vergleichskurse/Rückzahlungswert	R 111 Abs. 2 ErbStR 2003
j)	Stille Gesellschaftsbeteiligungen	Wie Kapitalforderungen (§ 12 Abs. 1 BewG)	R 112 ErbStR 2003
k)	Ansprüche auf wiederkehrende Nutzungen und Leistungen	Kapitalwert (§§ 13–16 BewG)	R 113 ErbStR 2003
l)	Lasten aus wiederkehrenden Leistungen	wie Ansprüche mit Kapitalwert (§§ 13–16 BewG)	R 113 ErbStR 2003
m)	Noch nicht fällige Lebensversicherungsansprüche	Rückkaufswert (§ 12 Abs. 4 BewG)	
n)	Erfindungen und Urheberrechte	Gemeiner Wert (§ 9 BewG)	R 93 ErbStR 2003
o)	Bodenschätze nicht Betriebsvermögen	Ertragsteuerlicher Wert (§ 12 Abs. 4 BewG)	
p)	Überbestände an umlaufenden Betriebsmittel der LuF	Gemeiner Wert (§ 9 BewG)	R 128 Abs. 2 ErbStR 2003
q)	Schulden	wie Kapitalforderungen mit Nennwert (§ 12 Abs. 1 BewG)	R 109 ErbStR

167 **a) Körperliche Gegenstände** werden mit dem gemeinen Wert bewertet. Der gemeine Wert von Kunstgegenstände und Sammlungen ist unter Berücksichtigung der schwierigen Verwertungsaussichten vorsichtig zu ermitteln. Befinden sich Gegenstände im Ausland, wird der gemeine Wert nach den dort vorhanden Preisen ermittelt.

168 **b) Kapitalforderungen** werden grundsätzlich mit dem Nennwert bewertet (§ 12 Abs. 1 Satz 1 BewG). Besondere, Umstände, die eine höheren oder niedrigeren Wertansatz rechtfertigen, sind in einer niedrigeren oder höheren Verzinsung begründet.

169 Eine vom Nennwert abweichende Bewertung ist anzuwenden,

- wenn die Kapitalforderungen (oder Schulden) unverzinslich sind und ihre Laufzeit im Besteuerungszeitpunkt mehr als ein Jahr beträgt,
- wenn die Kapitalforderungen (oder Schulden) niedrig verzinst (oder hoch verzinst) sind und die Kündbarkeit für längere Zeit ausgeschlossen ist,
- wenn zweifelhaft ist, ob eine Kaptalforderung in vollem Umfang durchsetzbar ist.

170 Eine niedrig verzinsliche Kapitalforderung (oder Schuld), die unter dem Nennwert anzusetzen ist, kann angenommen werden, wenn die Verzinsung unter 3 % liegt und die Kündbarkeit am Bewertungsstichtag für mindestens vier Jahre eingeschränkt oder ausgeschlossen ist.

171 Eine hoch verzinsliche Kapitalforderung (oder Schuld) kann angenommen werden, wenn die Verzinsung über 9 % liegt und die Rückzahlung am Besteuerungsstichtag noch für mindesten vier Jahre ausgeschlossen ist.

172 Für die Bewertung von Kapitalforderungen (und Schulden), die mit einem Zuschlag bzw. Abschlag vom Nennwert bewertet werden müssen, hat die Finanzverwaltung Tabellen mit einem gleichlautenden Ländererlass vom 7.12.2001 zur Verfügung gestellt (Erlass der Finanzverwaltung vom 7.12.2001 BStBl. 2001 I, 1041; ber. 2002 I, 112).

173 c) **Sachleistungsansprüche aus gegenseitigen Verträgen** sind anzusetzen mit dem gemeinen Wert des Gegenstandes, auf dessen Leistung sie gerichtet sind. Sachleistungsverpflichtungen sind bereits ab Vertragsabschluss anzusetzen, auch wenn im Besteuerungszeitpunkt noch keine Vertragspartei mit der Erfüllung begonnen hat.

174 d) **Sachvermächtnisse** sind mit dem Steuerwert des Vermächtnisgegenstandes anzusetzen.

175 e) **Als Wertpapiere verbriefte Forderungsrechte** sind grundsätzlich mit dem Nennwert zu bewerten. Besondere Umstände, eine niedrigere bzw. höhere Verzinsung sind analog zur Forderungsbewertung nicht verbriefter Forderungen zu berücksichtigen.

176 f) **Bundesschatzbriefe.** Bundesschatzbriefe gibt es in zwei Ausfertigungen. Bundesschatzbriefe A sind mit dem Nennwert anzusetzen, Bundesschatzbriefe B mit dem Rückzahlungswert.

177 g) **Finanzierungsschätze des Bundes** werden dadurch verzinst, dass der Erwerber beim Kauf einen geringeren Betrag einzahlt, als er später bei der Einlösung am Fälligkeitstag erhält. Bei diesen wie bei anderen abgezinsten Wertpapieren ist der Wert bis zur Fälligkeit aus dem Ausgabebetrag zuzüglich von aufgelaufenen fiktiven Zinsen zu berechnen. Eine Formel für die Berechnung enthält R 110 Abs. 2 Satz 10 ErbStR 2003.

178 h) **Abgezinste Sparbriefe** sind mit den Rückzahlungswerten anzusetzen. Ist der Rückzahlungsbetrag nicht bekannt, sind sie nach R 110 Abs. 2 ErbStR zu bewerten.

i) Nicht notierte Zero-Bonds. Diese sind in Anlehnung an die Kursnotierungen von in Ausstattung und Laufzeit vergleichbaren Anleihen zu bewerten. Sind derartige Anleihen nicht zu ermitteln, erfolgt eine Bewertung analog R 110 ErbStR. Beträgt die Emissionsrendite mehr als 9 % und ist die Einlösung am Besteuerungsstichtag für mehr als vier Jahre ausgeschlossen, ist bei der Berechnung des Rückzahlungswertes ein vergleichbarer Zinssatz des Kapitalmarktes zugrunde zu legen. **179**

j) Stille Gesellschaftsbeteiligungen. Die Einlage eines stillen Gesellschafters ist eine Kapitalforderung und grundsätzlich mit dem Nennwert anzusetzen. Ist die Kündbarkeit für mehr als fünf Jahre ausgeschlossen und beträgt der Durchschnittsertrag mehr als 9 %, so war bisher ein Verfahren anzuwenden, dass aus der Bewertung von Gesellschaftsanteilen nach dem (ehemaligen) Stuttgarter Verfahren abgeleitet war (R 112 ErbStR). Da die Bewertung von Anteilen an Kapitalgesellschaften durch das ErbStRG neu geregelt wurde, ist die Vorschrift überholt. Bis zu neuen Richtlinien ist zu empfehlen, diese Anteile wie hochverzinsliche Kapitalforderungen zu bewerten. **180**

k) Ansprüche auf wiederkehrende Nutzungen und Leistungen. Diese werden mit dem Kapitalwert bei einer Verzinsung mit 5,5 % angesetzt. **181**

l) Lasten aus wiederkehrenden Leistungen werden analog mit dem Kapitalwert angesetzt. **182**

m) Noch nicht fällige Lebensversicherungsansprüche. Diese werden mit dem Rückkaufswert bewertet (§ 12 Abs. 4 BewG). Der Rückkaufswert ist der Betrag, den das Versicherungsunternehmen im Fall der vorzeitigen Aufhebung nach dem Versicherungsvertrag erstatten muss. **183**

n) Erfindungen und Urheberrechte. Diese werden mit dem gemeinen Wert angesetzt. Sie werden ermittelt nach den Bewertungsmethoden für wiederkehrende Zahlungen, ausgehend vom Reinertrag und einem marktüblichen Zinssatz zuzüglich eines Risikozuschlags. Als Nutzungsdauer kann eine durchschnittliche Laufzeit von 8 Jahren angenommen werden (R 93 Satz 5 ErbStR). Die Richtlinien nennen einen Zinssatz von 8 % und einen Risikozuschlag von 50 % für nicht zu beanstanden. **184**

o) Bodenschätze nicht im Betriebsvermögen. Diese werden mit den nach ertragsteuerlichen Bewertungsmethoden mit einem Abzug für Substanzverzehrung angesetzt (§ 12 Abs. 4 BewG). **185**

186 **p) Überbestände an umlaufenden Betriebsmittel der Land- und Forstwirtschaft.** Diese zählen nicht zum land- und forstwirtschaftlichen Vermögen (§ 33 Abs. 3 Nr. 3 BewG). Der Wert ergibt sich indem vom Gesamtwert der umlaufenden Betriebsmittel der Normalwert abgezogen wird. Der Überbestand wird mit dem gemeinen Wert angesetzt.

187 **q) Schulden.** Diese werden analog zu den Kapitalforderungen angesetzt.

VII. Gesonderte Feststellungen für die Erbschaftsteuer

188 Um Streitigkeiten zwischen den Beteiligten bei der Festsetzung der Steuerbemessungsgrundlagen zu vermeiden und um das Verfahren zu vereinfachen, hat der Gesetzgeber ein gesondertes Wertfeststellungsverfahren angeordnet.

189 § 151 Abs. 1 BewG bestimmt, dass folgende Wirtschaftsgüter nach § 179 AO gesondert bewertet werden:

- **Grundbesitzwerte** (im Rahmen der Einheitswertfeststellung nach § 138 BewG, für die Erbschaft- und Schenkungsteuer nach § 157 BewG),
- **Betriebsvermögen** (i. S. von § 96 BewG für Gewerbebetrieb und nach § 97 BewG für freiberufliches Vermögen sowie für Anteile an Betriebsvermögen bzw. freiberuflichem Vermögen i. S. von § 97 BewG),
- **Anteile an Kapitalgesellschaften** i. S. von § 11 Abs. 2 BewG,
- der Wert von **Vermögensgegenständen und Schulden, die mehreren Personen zustehen** (nach § 3 BewG).

→ Weiterführende Informationen: Feststellungsverfahren für die Wertermittlung bei der Erbschaftsteuer

2. Kapitel Erbschaftsteuer und Schenkungsteuer

Das Erbschaftsteuerrecht wird vom Prinzip der Maßgeblichkeit des Zivilrechts beherrscht. Das ErbStG knüpft an Tatbestände an, die zivilrechtrechtlich durch das BGB bestimmt werden, und an deren Rechtsfolgen. So bestimmt z. B. § 3 ErbStG den Erwerb von Todes wegen als den „Erwerb durch Erbanfall (§ 1922 des Bürgerlichen Gesetzbuchs), auf Grund Erbersatzanspruchs (§§ 1934a ff. des Bürgerlichen Gesetzbuchs), durch Vermächtnis (§§ 2147 ff. des Bürgerlichen Gesetzbuchs) oder aufgrund eines geltend gemachten Pflichtteils (§§ 2303 f. des Bürgerlichen Gesetzbuchs)". Der BFH hat dieses Prinzip (in seinem Urteil v. 30.6.1960 – II 254/57 U –, BStBl. 1960 II, 348) mit dem Satz umschrieben, *„es gebe keine Erbschaft im wirtschaftlichen Sinne"*. Für alle, die sich mit dem Erbschaftsteuergesetz auseinandersetzen, sind daher Kenntnisse der Grundbegriffe des 5. Buchs mit den §§ 1922–2385 BGB notwendig. **190**

→ Weiterführende Informationen: Grundbegriffe des Erbrechts

I. Grundlagen der Erbschaft- und Schenkungsteuer

→ Weiterführende Informationen: Geschichtliche Entwicklung der Erbschaftsteuer

1. Rechtfertigung der Erbschaft- und Schenkungsteuer. Die Erbschaftsteuer rechtfertigt sich durch die aufgrund des Erbes bzw. der Zuwendung eingetretenen Steigerung der wirtschaftlichen Leistungsfähigkeit des Empfängers. In ihrer derzeitigen Ausgestaltung knüpft die Erbschaftsteuer als Bereicherungssteuer an die Vermögensmehrung beim Empfänger an. Die Erbschaftsteuer ist daher eine Subjektsteuer und Personensteuer. Sie ist an sich eine Einkommensteuer im weiteren Sinne. Sie unterscheidet sich von der eigentlichen Einkommensteuer dadurch, dass die Erbschaftsteuer nicht an eine im Markt gebildete Wertschöpfung, an ein Markteinkommen, sondern an einen Vermögenstransfer anknüpft. Der BFH ordnet die Erbschaftsteuer daher (aus formalen Gründen) als Verkehrsteuer ein. Die Erbschaftsteuer knüpft nicht an den Ertrag oder Soll-Ertrag an, sondern an eine Substanzübertragung. Daher ist **191**

nach Meinung des BVerfG die Bemessungsgrundlage des gemeinen Werts ein systemgerechterer Bewertungsmaßstab als ein Ertragswert.

192 Auch die Schenkungsteuer ist eine Bereicherungssteuer. Eine Schenkung zu Lebzeiten bewirkt einen Mittelzuwachs beim Erwerber wie bei einem Erben bei einem Erwerb von Todes wegen. Dieser Mittelzuwachs erhöht ebenfalls die Leistungsfähigkeit. Die Schenkungsteuer ist im Ergebnis wirtschaftlich betrachtet eine vorweggenommene Erbschaftsteuer und muss die Steuer auf den Erbfall zur Vermeidung von Umgehungen ergänzen. Daher gelten die Vorschriften des Erbschaftsteuergesetzes sinngemäß auch für die Übertragungen zu Lebzeiten.
Ziel der Erbschaftsteuer und Schenkungsteuer ist die Erfassung der Bereicherung, die der einzelne Erwerber bei einem Erwerb von Todes wegen oder durch Schenkung erfährt.

193 **2. Gleichstellung von Erbschaft und Schenkung.** Es ist vom Ergebnis der Bereicherung gleich, ob jemand sein Vermögen bereits zu Lebzeiten an Angehörige verschenkt, die Erbfolge also vorwegnimmt, oder ob die Übertragung erst beim Tod erfolgt. Zur Vermeidung einer Umgehung der Erbschaftsteuer durch Vermögensübertragungen unter Lebenden und Zweckzuwendungen muss die Erbschaftsteuer durch eine Schenkungsteuer als Unterart der Erbschaftsteuer ergänzt werden. Dabei soll eine Übertragung zu Lebzeiten genauso besteuert werden wie die Bereicherung aufgrund eines Erbanfalls.

194 **3. Erbanfallsteuer.** Das geltende ErbStG ist eine Erbanfallsteuer, die anders als eine Nachlasssteuer darauf abstellt, was bei dem einzelnen Erwerber als Nachlass anfällt. Daher besteht auch keine Konkurrenz zu einer Vermögensteuer. Ein Teil der bei dem Erben anfallenden Bereicherung wird durch die Steuer entzogen. Sie muss deshalb grundsätzlich nicht aus Vermögenswerten aufgebracht werden, die mit dem Erwerb nicht zusammenhängen. Dies ist aber nicht gleichzusetzen mit den Auswirkungen auf die Liquidität beim Erwerber. Aus diesen Gründen enthält das geltende Erbschaftsteuergesetz Stundungsregelungen und das Einkommensteuergesetz in § 35b EStG eine Regelung zur Vermeidung einer doppelten Besteuerung durch Erbschaftsteuer und Einkommensteuer.

195 **4. Prinzip der Maßgeblichkeit des Zivilrechts.** Das Erbschaftsteuergesetz schließt an einen Vermögensanfall an, dessen Beschreibung (Erbschaft/Schenkung) es nicht selbst bestimmt, sondern dem Zivilrecht entnimmt. Das bedeutet allerdings nicht, das zivilrechtliche Begriffe und Rechtswirkungen nicht entsprechend dem steuerrechtlichen Bedeutungszusammenhang selbstständig interpretiert werden. Dies gilt grundsätzlich für die im Steuerrecht übliche „wirtschaftliche Betrachtungsweise", aber auch für den Missbrauch von rechtlichen Gestaltungsmöglichkeiten nach § 42 AO. Auch ist eine materiell unrichtige Bezeichnung eines Rechtsvorgangs für die Besteuerung nicht maßgebend. Beispiele für die Abweichung der zivilrechtlichen von der erbschaftsteuerlichen Behandlung sind:

- **Nichtige Testamente.** Sie werden der Besteuerung zugrunde gelegt, wenn sie wirtschaftlichen Bestand gefunden haben.
- Die **Erbengemeinschaft** wird nicht als Gesamthandsgemeinschaft, sondern als Bruchteilsgemeinschaft behandelt (§ 39 Abs. 2 Nr. 2 AO).
- Die zwischen Erblasser und Erben bestehenden Rechte und Verbindlichkeiten, die nach Zivilrecht durch **Konfusion** erlöschen, erlöschen für die ErbSt nicht (§ 10 Abs. 3 ErbStG).
- Für **gemischte Schenkungen** wird ein Grundstückserwerb trotz zivilrechtlicher Unteilbarkeit des Grundstücks in einen entgeltlichen und einen unentgeltlichen Erwerb aufgeteilt.
- **Gebäude auf fremdem Grund und Boden** gehen nicht, wie zivilrechtlich bestimmt, ins Eigentum des Gebäudeeigentümers über (§ 94 BGB), sondern werden als eigener Vermögenswert behandelt.

→ Weiterführende Informationen: Verfassungsmäßigkeit der Erbschaftsteuer

II. Sachliche Steuerpflicht (steuerpflichtige Vorgänge)

196 Die Gesetzestechnik des Erbschaftsteuergesetzes ist die der Verkehrsteuergesetze. Es wird der steuerbare Vorgang beschrieben, ohne zunächst den Steuerpflichtigen zu benennen. Erst danach wird bestimmt, wer Steuerschuldner ist (§ 20 ErbStG). Das Erbschaftsteuergesetz unterscheidet zwischen Erwerbe von Todes wegen und Schenkungen unter Lebenden.

197 **1. Erwerb von Todes wegen (§ 1 Abs. 1 Nr. 1, §§ 3–6 ErbStG)**

Tab. 5: Erwerbe von Todes wegen (Quelle Memento Steuerrecht Nr. 7006)

<table>
<tr><th>Art des Erwerbs</th><th colspan="2">Erbanfall</th><th colspan="2">Anspruch gegen den Nachlass</th></tr>
<tr><td>Rechtliche Folge</td><td colspan="2">Gesamtrechtsnachfolge</td><td colspan="2">Schuldrechtlicher Anspruch</td></tr>
<tr><td>Steuerliche Folge</td><td colspan="2">Besteuerung des Gesamterwerbs</td><td colspan="2">Besteuerung des Anspruchs</td></tr>
<tr><td rowspan="5">Formen der Zuwendung</td><td>durch Gesetz</td><td>durch gewillkürte Form</td><td>durch Gesetz</td><td>durch gewillkürte Form</td></tr>
<tr><td rowspan="4">Gesetzliche Erbfolge</td><td>Privatschriftliches Testament</td><td rowspan="4">Pflichtteilsansprüche</td><td>Vermächtnis</td></tr>
<tr><td>Notarielles Testament</td><td>Verträge auf den Todesfall</td></tr>
<tr><td rowspan="2">Erbvertrag</td><td>Vermächtnisähnlicher Erwerb</td></tr>
<tr><td>Gesellschaftsvertrag</td></tr>
</table>

198 Als Erwerb von Todes wegen gilt nach § 3 Abs. 1 ErbStG:

- der Erwerb durch Erbanfall (§ 1922 BGB),
- der Erwerb aufgrund Erbersatzanspruchs (§§ 1934a ff. BGB),
- der Erwerb durch Vermächtnis (§§ 2147 ff. BGB),
- der Erwerb aufgrund eines geltend gemachten Pflichtteilsanspruchs (§§ 2303 ff. BGB),
- der Erwerb durch Schenkung auf den Todesfall (§ 2301 BGB) oder Übergang eines Gesellschaftsanteils beim Tod eines Gesellschafters (Nachfolgeklausel),
- jeder Vermögensvorteil, der aufgrund eines vom Erblasser geschlossenen Vertrages bei dessen Tod von einem Dritten unmittelbar erworben wird, z. B. Lebensversicherung, Rentenversicherung.

199 **a) Erwerb durch Erbanfall (§ 3 Nr. 1 ErbStG).** Mit dem Tod einer natürlichen Person (Erbfall) geht ihr Vermögen (Erbschaft) als Ganzes auf die nach dem Gesetz oder durch Verfügung von Todes wegen berufene Personen (Erben) auf dem Weg einer Gesamtrechtsnachfolge über (§ 1922 BGB). Erblasser können nur natürliche Personen sein. Erben können natürliche Personen sein, wenn sie zum Zeitpunkt des Erbfalls leben, und juristische Personen, wenn sie zu diesem Zeitpunkt bestehen. Auch nicht rechtsfähige Vereine und Personengesellschaften können Erbe oder Vermächtnisnehmer sein, wenn sie Träger von Rechten und Pflichten sein können.

b) Erbengemeinschaft. Hinterlässt ein Erblasser mehrere Erben, so geht sein Vermögen als Ganzes auf eine Erbengemeinschaft über. Die Erbengemeinschaft ist eine **Gesamthandsgemeinschaft**. Das Steuerrecht bestimmt in § 39 Abs. 2 Nr. 2 AO, dass Vermögen, das mehreren zur gesamten Hand gehört, den Beteiligten anteilig nach Bruchteilen zugerechnet wird. Die Höhe des Bruchteils richtet sich nach der Erbquote. Die Erbquote beruht auf der gesetzlichen Erbfolge oder der Verfügung des Erblassers. Im Gegensatz hierzu steht das Vermächtnis, das auf bestimmte Vermögensgegenstände gerichtet ist, die die Erbengemeinschaft aus der Erbmasse dem Vermächtnisnehmer übertragen müssen. **200**

Nachdem die Bereicherung des Erbanfalls im Ganzen durch eine Wertermittlung festgestellt wurde, ist dieser Wert quotal auf die Erben aufzuteilen und entsprechend ihrer persönlichen Stellung zum Erblasser hinsichtlich Freibetrag und Steuerklasse zu besteuern. **201**

Nach § 2042 Abs. 1 BGB kann jeder Miterbe jederzeit die **Auseinandersetzung** verlangen. Die Auseinandersetzung hat auf die Besteuerung keinen Einfluss. Sie stellt nur den Vollzug des Erblasserwillens dar. Der Erblasser bestimmt mit der Erbeinsetzung, im Gegensatz zu einer testamentarischen Verfügung von benanntem Vermögen, eine wertgleiche Verteilung des Nachlasses. Setzen sich also die Erben nach §§ 752 ff. BGB, wie § 2042 Abs. 2 BGB bestimmt, auseinander, so entspricht der Wert des Empfangenen dem jedem Erben zugedachten Anteil. Einigen sich die Erben auf eine andere Art der Teilung und erhält ein Erbe mehr als seinem Anteil an dem gesamten Vermögen entspricht, kann darin ein zusätzlicher schenkungspflichtiger Vorgang liegen. **202**

Der Grundsatz, dass die Erbeinsetzung auf die Besteuerung keinen Einfluss hat, gilt auch bei einer Teilungsanordnung des Erblassers nach § 2048 Satz 1 BGB. Eine verbindliche Teilungsanordnung des Erblassers wirkt sich nur dann auf die Erbschaftsteuer aus, wenn sie zu einer Änderung der Erbquote führt. **203**

Beispiel: (aus Kapp/Ebeling zu § 3 Rn. 129.4) **204**
Der verwitwete Erblasser E verfügt testamentarisch, dass sein Kind A das Grundstück und sein Kind B das Geldvermögen erben soll. Weitere Bestimmungen enthält das Testament nicht. Der Nachlass besteht aus einem Grundstück mit einem Verkehrswert von 800.000 € und aus Geldvermögen im Wert von 400.000 €.

Hier ist die testamentarische Verfügung als Erbeinsetzung von A und B auszulegen. Mit Rücksicht darauf, dass ein Wertausgleich nicht angeordnet worden ist, richten sich die Erbteile nach den Verkehrswerten der Gegenstände, die A und B zugewiesen wurden, im Verhältnis zum Verkehrswert des Nachlassvermögens. Der Erbteil des A beträgt 2/3, der Erbteil des B 1/3. Die steuerlichen Werte können davon abweichen.

205 Die Teilungsanordnung ist zu unterscheiden von dem **Vorausvermächtnis** nach § 2150 BGB. Dabei handelt es sich um die Zuweisung eines Vermögensgegenstandes, ohne dass der Erwerber sich dies auf seine Erbquote anrechnen lassen muss. Teilungsanordnungen mit oder ohne Ausgleichsverpflichtung führen zu anderen Ergebnissen als Vorausvermächtnisse, da Erblasser regelmäßig unvollständige und in vielen Fällen sogar unrichtige Vorstellungen von den tatsächlichen Verhältnissen haben und auch Nachlassverbindlichkeiten sich schlecht vorhersehen lassen. Dann kann es je nach Verfügungsmodell zu unterschiedlichen Ergebnissen auch in steuerlicher Hinsicht kommen. Dies gilt insbesondere, wenn erbschaftsteuerlich objektbezogene Steuerbefreiungen (z. B. §§ 13a, 13c ErbStG) bestehen.

206 **c) Vermächtnis (§ 3 Abs. 1 Nr. 1 ErbStG).** Nach § 1939 BGB liegt ein Vermächtnis vor, wenn der Erblasser einem anderen, ohne ihn als Erben einzusetzen, einen Vermögensvorteil zuwendet. Der Vermächtnisnehmer hat einen schuldrechtlichen Anspruch gegen den Erben, der noch der Erfüllung bedarf. Vermächtnisse sind daher als Nachlassverbindlichkeiten beim Erbanfall abzuziehen (§ 10 Abs. 5 Nr. 2 ErbStG). Für die erbschaftsteuerliche Behandlung besteht kein grundsätzlicher Unterschied zwischen Erbeinsetzung und Aussetzung eines Vermächtnisses. Grundsätzlich besteht auch ein Korrespondenzprinzip zwischen der Bewertung des Vermächtnisses und der Bewertung der Nachlassverbindlichkeit.

207 **d) Pflichtteil (§ 3 Abs. 1 Nr. 1 EStG).** Nach § 3 Abs. 1 Nr. 1 BewG gilt als Erwerb von Todes wegen der Erwerb aufgrund eines geltend gemachten Pflichtteilsanspruchs mit Bezugnahme auf § 2303 BGB. Der Pflichtteilsanspruch ist letztlich ein Ersatz für den Vermögensentzug, der dadurch eintritt, dass ein gesetzlicher Erbe durch ein Testament von der Erbfolge ausgeschlossen wird. Das Pflichtteilsrecht ist kein Erwerb, sondern ein Forderungsrecht gegen den Erben auf Zahlung. Die Bewertung des Pflichtteils erfolgt nach der Geltendmachung mit dem Wert der Forderung im Zeitpunkt des Erbfalls, unabhängig davon, wann die Geldforderung des Pflichtteilsberechtigten tatsächlich erfüllt wird, auch wenn dieser anderes Vermögen an Erfüllungsstatt entgegennimmt.

e) Schenkung auf den Todesfall (§ 3 Abs. 1 Nr. 2 ErbStG). Die Schenkung auf den Todesfall ist zivilrechtlich betrachtet ein Schenkungsversprechen unter der aufschiebenden Bedingung, dass der Beschenkte den Schenker überlebt (§ 2301 Abs. 2 BGB). Eine Besteuerung tritt nur ein, wenn die Zuwendung zu einer Bereicherung führt. Vom Erwerber übernommene Verbindlichkeiten sind nach § 10 Abs. 1 Satz 2 ErbStG vom steuerlichen Wert abzuziehen. **208**

209 **Beispiel:** (aus Kapp/Ebeling § 3 ErbStG Rn. 237)
A erwirbt mit dem Ableben von E durch Schenkung auf den Todesfall ein zum Nachlass gehörendes Grundstück im Steuerwert von 400.000 € mit der Auflage, eine auf dem Grundstück lastende Grundschuld zu übernehmen. Am Todestag betragen diese Verbindlichkeiten 200.000 €.

Steuerwert des Grundstücks:	400.000 €
abzgl. Auflage (§ 10 Abs. 5 Nr. 2 ErbStG)	–200.000 €
Steuerpflichtiger Erwerb	200.000 €

f) Ausscheiden eines Gesellschafters durch Tod (§ 3 Abs. 1 Nr. 2 Sätze 2 und 3 ErbStG). Geht beim Tod eines Gesellschafters sein Anteil am Gesellschaftsvermögen nicht auf seine Erben, sondern auf die verbleibenden Gesellschafter bzw. die Gesellschaft selbst über und ist der Wert der Abfindung, die diese dafür zu leisten haben, geringer als der sich nach § 12 ErbStG ergebende Wert des Anteils, gilt die insoweit eintretende Bereicherung der Gesellschafter als Schenkung auf den Todesfall (§ 3 Abs. 1 Nr. 1 Satz 2 ErbStG). Dies betrifft sowohl Anteile an Personengesellschaften als auch Anteile an Kapitalgesellschaften. Auf einen Willen zur Unentgeltlichkeit seitens des verstorbenen Gesellschafters kommt es dabei nicht an. War der verstorbene Gesellschafter zu mehr als 25 % beteiligt, ist der Erwerb nach §§ 13a, 13b, 19a ErbStG begünstigt (vgl. R 7 III ErbStR 2003). **210**

g) Erwerb aus einem Vertrag zugunsten Dritter (§ 3 Abs. 1 Nr. 4 ErbStG). Durch einen Vertrag zugunsten Dritter (§§ 328, 331 BGB) kann ein Erblasser vereinbaren, dass eine Leistung nach seinem Tod ein von ihm begünstigter Dritte unmittelbar einen Anspruch auf die Leistung hat. Der häufigste Fall eines solchen Vertrages ist die Begünstigung durch eine Lebensversicherung. Regelmäßig ist diese Begünstigung dabei kein Bestandteil des Nachlasses. Die Leistung wird erbschaftsteuerlich beim Bezug erfasst, nach den Regeln eines Erwerbs von Todes wegen, hinsichtlich Wertermittlung, Steuerklasse und Freibetrag. **211**

212 **2. Besteuerung von Familienstiftungen (§ 3 Abs. 2 Nr. 1 ErbStG).** Eine Stiftung kann durch Testament oder Erbvertrag errichtet werden. Die Besteuerung der Zuwendung erfolgt nach § 9 Abs. 1 Nr. 4 ErbStG in Zeitabständen von je 30 Jahren ab dem Übergang des Vermögens.

213 Die erbschaftsteuerlichen Regelungen betreffen:
- die Besteuerung von Zuwendungen von Vermögen auf eine Stiftung und
- die Erbersatzsteuer (im Zeitintervall von 30 Jahren).

214 Der Übergang von Vermögen auf eine Stiftung kann auf drei Wegen erfolgen:
- durch testamentarische Anordnung einer Stiftung und Übertragung von Vermögen als Erwerb von Todes wegen (nach § 3 Abs. 2 Nr. 1 ErbStG),
- durch Übertragung von Vermögen aufgrund testamentarischer Verfügung auf eine bestehende Stiftung als Erwerb von Todes wegen (nach § 3 Abs. 1 Satz 1 ErbStG),
- durch Übertragung zu Lebzeiten als Schenkung (nach § 7 Abs. 1 Nr. 8 ErbStG).

215 Der Vermögensübergang wird besteuert nach der Steuerklasse des entferntesten Begünstigten.
Nachdem der Vermögenszuwachs erstmals besteuert wurde, wird das Stiftungsvermögen nach § 7 Abs. 1 Satz 4 ErbStG besteuert. Nach dieser sog. Erbersatzsteuer entsteht eine Steuerpflicht nach § 9 Abs. 1 Satz 4 ErbStG in Zeitabständen von je 30 Jahren nach den dann jeweils geltenden Wertansätzen (§ 11 ErbStG), privilegiert mit dem Steuersatz der Steuerklasse I für die Hälfte des steuerpflichtigen Vermögens. Es soll die Steuer erhoben werden, die bei einer Übertragung auf zwei Personen der Steuerklasse I anfallen würde.

216 **3. Vollziehung einer Auflage oder Erfüllung einer Bedingung (§ 3 Abs. 2 Nr. 2 ErbStG).** Als Erwerb vom Erblasser gilt auch was jemand infolge einer vom Erblasser angeordneten Auflage oder infolge Erfüllung einer vom Erblasser gesetzten Bedingung erwirbt.

217 **a) Vollziehung einer Auflage.** Nach § 1940 BGB kann der Erblasser durch Verfügung von Todes wegen den Erben oder Vermächtnisnehmer zu einer Leistung verpflichten, ohne einem anderen ein Recht auf die Leistung zuzuwenden.

Beispiel: 218
Die Eheleute V und M bestimmen in ihrem Berliner Testament, dass der überlebende Ehegatte Alleinerbe sein soll. Das Testament enthält die Auflage, dass den beiden Kindern in Höhe der erbschaftsteuerlichen Freibeträge Geldzuwendungen gemacht werden sollen, jedoch erst zum Tode des letztversterbenden Elternteils.

Die begünstigten Kinder erben erst, wenn die Auflagen vollzogen werden.

b) Erfüllung einer Bedingung. Eine Bedingung ist eine Bestimmung, nach der die Wirksamkeit einer Verfügung mit dem Eintritt eines zukünftigen ungewissen Ereignisses eintreten soll (aufschiebende Bedingung) oder beendet werden soll (auflösende Bedingung). Bei einer aufschiebenden Bedingung entsteht die Steuer erst mit der Erfüllung der Bedingung (§ 9 Abs. 1 Nr. 1 a) ErbStG). Handelt es sich um eine auflösende Bedingung, wird der Erwerb wie ein unbedingter Erwerb besteuert (§ 5 Abs. 1 BewG). Auf Antrag wird nach Eintritt der Bedingung der Steuerbescheid berichtigt (§ 5 Abs. 2 BewG). 219

4. Pflichtteilsverzicht und Ausschlagung (§ 3 Abs. 2 Nr. 4 ErbStG). – a) Pflichtteilsverzicht. Entsprechend den zivilrechtlichen Vorgaben ist der Pflichtteilsverzicht im Rahmen eines Erbvertrages zu vereinbaren (§ 397 BGB). Der Pflichtteilsberechtigte muss nach seinem persönlichen Verhältnis zum Erblasser das versteuern, was er ggf. als Abfindung für den Verzicht erhält. Die Steuer entsteht mit dem Verzicht (§ 9 Abs. 1 Nr. 1 f) ErbStG), unabhängig vom Zeitpunkt der Zahlung. Allenfalls spielt der Zahlungstermin eine Rolle für eine abgezinste Bewertung der Abfindungsforderung. 220

Nach § 1942 Abs. 1 BGB geht die Erbschaft auf den benannten Erben über unbeschadet des Rechtes sie auszuschlagen. Ausschlagen kann daher nur, wer Erbe geworden ist (§ 1946 BGB). 221

b) Verzicht auf ein Vermächtnis Der Verzicht auf ein Vermächtnis bewirkt, dass der verpflichtete Erbe den Wert des Vermächtnisses nicht als Nachlassverbindlichkeit abziehen kann. Eine Abfindung für den Verzicht muss der Berechtigte nach § 3 Abs. 2 Nr. 4 ErbStG versteuern. 222

5. Zugewinngemeinschaft (§ 5 ErbStG). Bei Beendigung der Ehe oder einer Lebenspartnerschaft durch den Tod eines Partners wird der Wert nicht versteuert, den der überlebende Partner als Zugewinn erhalten würde, wenn er nicht Erbe geworden wäre (§ 5 Abs. 1 Satz 1 ErbStG). 223

224 **Beispiel:** (in Anlehnung an Gürsching/Stenger ErbStG § 5 Rn. 7)

		Ehemann	Ehefrau
Anfangsvermögen (indexiert)		50	30
Endvermögen		200	100
Zugewinn		150	70
Ausgleichsverpflichtung	80		
davon ½	40		

225 Die Finanzverwaltung errechnet regelmäßig die Indexwerte zur Berechnung des Anfangsvermögen und veröffentlicht sie als BMF-Schreiben und in den ErbSt-Richtlinien (ErbStH 11 ErbStR 2003).

226 Bei dem Ausgleichsanspruch handelt es sich wirtschaftlich betrachtet um einen selbst erwirtschafteten Vermögenszuwachs, der auf der gemeinsamen Betätigung der Eheleute beruht. Durch § 5 ErbStG wird sichergestellt, dass die Zugewinnausgleichsforderung von der Besteuerung ausgenommen wird.

227 Die Bewertung von Anfangs- und Endvermögen richtet sich grundsätzlich nach Verkehrswerten. Steuerfrei ist aber nur die nach den Steuerwerten des Endvermögens errechnete fiktive Ausgleichsforderung nach § 5 Abs. 1 Satz 5 ErbStG.

228 **Beispiel:** (in entsprechender Anwendung von FM Bayern, koordinierter Ländererlass v. 25.9.2006)
(Das Beispiel bezieht sich auf das BFH-Urteil v. 29.6.2005 – II R 7/01 – BStBl. 2005 II, 873)

Die Ehefrau wird Alleinerbin ihres verstorbenen Ehemanns. Das maßgebliche Anfangsvermögen des verstorbenen Ehemanns bei Beginn des Güterstandes betrug 2.500.000 €, das der Ehefrau 160.000 €. Der Nachlass des verstorbenen Ehemanns hatte einen Verkehrswert von 4.400.000 € und einen Steuerwert von 3.500.000 €. Aufgrund eines Vertrags zugunsten Dritter erhält die Ehefrau als Begünstigte aus einer Lebensversicherung 390.000 €. Der verstorbene Ehemann hatte 400.000 € verschenkt. Mit diesen Schenkungen war die Ehefrau nicht einverstanden.

	Ehemann		Ehefrau
Endvermögen Steuerwert	3.500.000		450.000
+ steuerpfl. Vers.Leistg.	390.000		
Zwischenwert	3.890.000		
Hinzurechnung (§ 1375 Abs. 2 BGB)	400.000		0
Maßgebendes Endvermögen	4.290.000		450.000
abzgl. maßgebendes Anfangsvermögen	2.500.000		160.000
Zugewinn	1.790.000		290.000
Fiktive Ausgleichsforderung		750.000	

229 Es besteht die Möglichkeit, den Güterstand des Zugewinnausgleichs bereits zu Lebzeiten auszugleichen (§ 1371 Abs. 2 BGB). Die dabei ermittelte Ausgleichsforderung ist dann insgesamt steuerfrei. Eine Herabstufung des Ausgleichsbetrages findet dabei nicht statt.

230 **6. Vor- und Nacherbschaft (§ 6 ErbStG).** Vor- und Nacherben sind beide Rechtsnachfolger des Erblassers. Sie sind nicht gleichzeitig Rechtsnachfolger wie als Miterben, sondern zeitlich versetzt nacheinander (§ 2100 BGB). Der Nacherbe löst den Vorerben nach dessen Tod ab. Zu unterscheiden sind Vor- und Nacherben vom Schlusserben (§ 2269 Abs. 1 BGB) beim sog. Berliner Testament, in dem sich die Ehegatten gegenseitig als Erben einsetzten und ihre Abkömmlinge als Erben nach dem zuletzt verstorbenen Ehegatten.

231 Die erbschaftsteuerliche Behandlung der Vor- und Nacherbschaft ist in § 6 ErbStG geregelt. Die Vorschrift ergänzt den Erwerb von Todes wegen (§ 3 Abs. 1 Satz 1 ErbStG), indem sie anordnet, wie der Vorerbe besteuert wird und von wem der Vorerbe und der Nacherbe erwirbt.

232 **a) Besteuerung des Vorerben (§ 6 Abs. 1 ErbStG).** Der Vorerbe gilt als Erbe. Er besteuert den Vermögensübergang nach Steuerklasse und Freibetrag nach seiner verwandtschaftlichen Beziehung zum Erblasser.

233 **b) Besteuerung des Nacherben (§ 6 Abs. 2 ErbStG).** Tritt die Nacherbschaft nach dem Tod des Vorerben ein, werden die Nacherbschaft nach dem Erblasser und die Erbschaft nach dem Vorerben zu einem einheitlichen Erwerb zusammengerechnet (§ 6 Abs. 2 Satz 1 ErbStG). Ein Antrag nach § 6 Abs. 2 Satz 2 ErbStG kann diese Zusammenrechnung nur teilweise auflösen. Der Antrag führt dazu, dass der Gesamterwerb in Vorerbschaft und Nacherbschaft zerlegt wird. Auf jeden der gedanklich getrennten Erwerbe sind die ihm entsprechenden Steuerklassen und Freibeträge anzuwenden. Danach werden die Teilerwerbe wieder zu einem Gesamterwerb vereinigt. Dieser bestimmt den Steuersatz im Progressionsvorbehalt. Für jeden Teilerwerb ist der Steuersatz maßgebend, der sich nach der Steuerklasse ergibt, die für die Teilerwerbe gelten, wenn nicht nur diese Teilerwerbe erworben wurden, sondern der Gesamterwerb (§ 6 Abs. 2 Satz 5 ErbStG). Es gibt nur einen Freibetrag. Er richtet sich nach dem günstigsten Verwandtschaftsverhältnis.

234 **Beispiel 1:** (in Anlehnung an Gürsching/Stenger ErbStG § 6 Rn. 48)
Anton und Berta leben in einer nichtehelichen Lebensgemeinschaft. Anton hat einen Sohn Curt aus erster Ehe. Als Anton stirbt, wird er von Berta beerbt. Sie ist Vorerbin. Nacherbe ist Curt. Berta hat Curt zu ihrem Erben eingesetzt. Als sie stirbt, bekommt Curt Antons Restvermögen von 300.000 € sowie Bertas eigenes Vermögen von 500.000 €.

Erwerb von Anton	300.000 €
Freibetrag (§ 16 ErbStG max 400.000 €)	300.000 €
	0 €
Erwerb von Berta	500.000 €
Freibetrag	20.000 €
Steuerpflichtger Erwerb	480.000 €

100.000 € Freibetrag gehen verloren.

Beispiel 2
Antons Restvermögen beträgt 410.000 €

Erwerb von Anton	410.000 €
Freibetrag (§ 16 ErbStG max 400.000 €)	400.000 €
	10.000 €
Erwerb von Berta	500.000 €
Freibetrag	10.000 €
Steuerpflichtger Erwerb	490.000 €

10.000 € Freibetrag gehen verloren.

235 Tritt die Nacherbschaft nach einem anderen Ereignis ein, z. B. durch eine Wiederverheiratungsklausel, dann gilt § 6 Abs. 3 ErbStG. Dann gilt die Vorerbschaft als auflösend bedingt, die Nacherbschaft als aufschiebend bedingt. Der Übergang auf den Nacherben wird als unmittelbar vom Erblasser besteuert. Die gegen den Vorerben festgesetzte Steuer wird beim Nacherben angerechnet. Die Steuer für den Vorerben errechnet sich dann aus der Bereicherung, die der Vorerbe während der Nutzung des Erblasservermögens erhalten hat.

7. Schenkung unter Lebenden (§ 1 Abs. 1 Nr. 2 und 7 ErbStG) 236

Tab. 6: Schenkung unter Lebenden (Quelle: Memento Steuerrecht Nr. 7061)

Grundfall	Freigebige Zuwendung	Schenkung nach BGB Sonstige Zuwendungen mit Bereicherungsabsicht	§ 7 Abs. 1 Nr. 1 ErbStG
Ersatz- und Ergänzungsfälle	Begünstigung Dritter	Vollziehung einer Auflage	§ 7 Abs. 1 Nr. 2 ErbStG
		Rechtsgeschäft unter Bedingung	§ 7 Abs. 1 Nr. 2 ErbStG
		Zuwendung bei behördlicher Genehmigung	§ 7 Abs. 1 Nr. 3 ErbStG
	Begünstigung des Ehegatten	Erwerb bei Gütergemeinschaft	§ 7 Abs. 1 Nr. 4 ErbStG
	Zuwendungen i. R. vorweggenommener Erbfolge	Abfindungen für Erbverzicht	§ 7 Abs. 1 Nr. 5 ErbStG
		• Erwerb durch vorzeitigen Erbausgleich	§ 7 Abs. 1 Nr. 6 ErbStG
		• Erwerb des Nacherben vom Vorerben vor Eintritt der Nacherbe	§ 7 Abs. 1 Nr. 7 ErbStG
	Zuwendungen i. Zsh. mit Vereinen/ Stiftungen	• Zuwendungen an eine Stiftung	§ 7 Abs. 1 Nr. 8 ErbStG
		• Erwerb bei einer Vereinsauflösung	§ 7 Abs. 1 Nr. 9 ErbStG

237 Wie bei der Besteuerung der Erwerbe von Todes wegen (s. Abschnitt I erfasst der Gesetzgeber in § 7 ErbStG enumerativ die Tatbestände, die neben Schenkungen zur Vermeidung einer Umgehung, eine Steuerpflicht auslösen. Anders als bei den Erwerben von Todes wegen in § 3 ErbStG hat der Gesetzgeber in § 7 Abs. 1 Nr. 1 ErbStG einen Grundtatbestand und Auffangstatbestand für freigebige Zuwendungen unter Lebenden umschrieben.

238 **a) Zuwendung ohne Gegenleistung (§ 7 Abs. 1 Nr. 1 ErbStG).** Als Schenkung i. S. des Gesetzes gilt jede freigebige Zuwendung unter Lebenden, soweit der Bedachte durch sie auf Kosten des Zuwendenden bereichert wurde. Freigebig handelt, wer im Vollbesitz seiner geistigen Kräfte unentgeltlich handelt. Die Motive des Schenkens sind dabei unbeachtlich (§ 7 Abs. 4 ErbStG). Weiteres Tatbestandsmerkmal ist die objektive Bereicherung des Bedachten. Es kommt daher darauf an, ob und inwieweit der Erwerber über das erworbene Vermögen

im Verhältnis zum Schenker frei und endgültig verfügen kann. Unentgeltlichkeit bedeutet Unabhängigkeit der Leistung im Verhältnis zwischen Schenker und Erwerber.
Während eine Schenkung zivilrechtlich als Vertrag einen übereinstimmenden Willen beider Parteien voraussetzt, genügt es bei einer freigebigen Zuwendung, dass die Bereicherung mit Willen des Zuwendenden geschieht.

239 Die Bereicherung ist entscheidend für
- den Zeitpunkt der Steuerentstehung nach § 9 Abs. 1 Satz 2 ErbStG i. V. m. § 38 AO,
- die Verpflichtung zur Abgabe einer Steuererklärung nach § 30 Abs. 2 ErbStG,
- den Gegenstand der Bereicherung und
- persönliche und sachliche Freibeträge nach §§ 13 bis 13c ErbStG.

240 Im Rahmen von Schenkungen können Ausgleichsverpflichtungen gegenüber dem Beschenkten getroffen werden, die von der Erbquote abweichen. Dies hat erbschaftsteuerlich zur Folge, dass der Nachlass mit anderen steuerlichen Werten den Miterben zuzurechnen ist.

241 **b) Sonstige einzeln aufgeführte Bereicherungen.** Die in § 3 ErbStG einzeln aufgezählten Tatbestände, die zu einem Erwerb von Todes wegen führen, werden zur Vermeidung einer Umgehung der Steuer auch als Tatbestandsmerkmale der Steuerpflicht von Schenkungen unter Lebenden herangezogen. Es handelt sich dabei um folgende Vorgänge bei Vermögensübertragungen unter Lebenden:
- Vollziehung einer Auflage, Erfüllung einer Verbindlichkeit (§ 7 Abs. 1 Nr. 2 ErbStG),
- Ausgleich für die Genehmigung von Schenkungen (§ 7 Abs. 1 Nr. 3 ErbStG),
- freiwillige Vereinbarung einer Gütergemeinschaft (§ 7 Abs. 1 Nr. 4 ErbStG),
- Abfindung für Erbverzicht und Nacherbschaft (§ 7 Abs. 1 Nr. 5, 7 ErbStG),
- Vermögenszuwendungen für Familienstiftungen und bei Auflösung einer Stiftung (§ 7 Abs. 1 Nr. 8, 9 ErbStG),
- Abfindungen für aufschiebend bedingte Ansprüche (§ 7 Abs. 1 Nr. 10 ErbStG).

242 **c) Ehebedingte Zuwendungen.** Einen besonderen Tatbestand bilden „unbenannte Zuwendungen" unter Ehegatten. Der BGH hat (in einem Urteil vom 17.1.1990 – XII ZR 1/89 –) diese Zuwendungen auch „ehebedingte Zuwendungen" genannt. Er versteht darunter *„Zuwendungen unter Ehegatten, denen die Vorstellung oder Erwartung zugrunde liegt, dass die eheliche Lebensgemeinschaft Be-*

stand haben werde oder die sonst um der Ehe willen und als Beitrag zur Verwirklichung oder Ausgestaltung, Erhaltung oder Sicherung der ehelichen Lebensgemeinschaft erbracht wird und die darin ihre Geschäftsgrundlage hat". Die Rechtsfigur der ehebedingten Zuwendung in der Zivilrechtsprechung diente ausnahmslos der Lösung vermögensrechtlicher Streitigkeiten in Ehescheidungsfällen.

243 Die Finanzverwaltung beurteilt ebenso wie der BFH unbenannte Zuwendungen als freigebige Zuwendungen i. S. v. § 7 Abs. 1 Satz 1 ErbStG (R 15 ErbStR 2003). Unbenannte Zuwendungen in geringer Höhe, die laufend im Rahmen der gemeinsamen Haushaltsführung der Eheleute oder der nicht ehelichen Lebensgemeinschaft erfolgen, fallen aus der schenkungsteuerlichen Beurteilung heraus. Allerdings ist auch festzuhalten, dass bei einer strengen Auslegung von Schenkungsvorgängen die Finanzverwaltung ein erhebliches Vollzugsdefizit haben würde. Auch bestehen erhebliche verfassungsmäßige Bedenken gegen höhere Aufdeckungsbemühungen der Finanzbehörden.

244 **d) Gemeinschaftliche Bankkonten.** In der Praxis ist unter Eheleuten die Führung von gemeinsamen Bankkonten, über die Ehegatten jeweils einzeln und voneinander unabhängig verfügen können, weit verbreitet. Diese gemeinsamen Bankkonten haben u. U. schenkungsteuerliche Konsequenzen. Gemeinsame Bankkonten können als Und- bzw. Oderkonten geführt werden. Vermögensrechtlich gilt die gesetzliche Vermutung der §§ 430, 742 BGB, wonach die Kontenstände den Ehegatten im Zweifel jeweils zu gleichen Teilen zugerechnet werden. Diese Vermutung kann aber widerlegt werden, wenn z. B. die Zugänge nur von einem Ehegatten erbracht wurden. Steuerfrei sind nach § 13 Abs. 1 Nr. 12 ErbStG nur Zuwendungen „zum Zwecke des angemessenen Unterhalts", nicht hingegen zum Zwecke der Vermögensbildung.

245 **e) Zinslose Darlehen.** Nach der Rechtsprechung der Finanzgerichte und des BFH unterliegen sowohl zinslose als auch niedrig verzinsliche Darlehen der Schenkungsteuer (vgl. BFH Urt. v. 29.6.2005 – II R 52/03 –, BStBl. 2005 II, 800; Urt. v. 17.4.1991 – II R 119/88 –, BStBl. 1991 II, 586; FG München Urt. v. 24.1.2007 – 4 K 2798/04 – EFG 2007, 782).

246 **f) Schenkungsteuerliche Tatbestände im Zusammenhang mit Gesellschaftsanteilen. – aa) Schenkung eines Gesellschaftsanteils bei Buchwertklausel (§ 7 Abs. 5 ErbStG).** Der Gesetzgeber geht davon aus, dass der Beschenkte den Anteil an einer Personengesellschaft stets ohne Beschränkung, d. h. einschließlich offener und stiller Reserven, im Zeitpunkt der Schenkung erhält. Die Bereicherung entsteht danach ausnahmslos aus dem Betrag, den der neue Gesellschafter vom Vermögen der Gesellschaft erhalten würde, wenn diese sofort nach

Erhalt liquidiert werden würde. Es widerspricht dem Bereicherungsgrundsatz des Erbschaftsteuergesetzes, eine Besteuerung durchzuführen, wenn die stillen Reserven dem Beschenkten in der Folge nicht zufließen. Daher bestimmt § 7 Abs. 5 ErbStG, dass die dem Buchwert der Beteiligung übersteigende Bereicherung auflösend bedingt erworben wird. Tritt die Bedingung ein und scheidet der Gesellschafter mit der Folge aus, dass er beim Ausscheiden die stillen Reserven nicht in vollem Umfang erhält, sondern dass diese stillen Reserven den anderen verbleibenden Gesellschaftern anteilmäßig zufallen (nach dem Anwartschaftsrecht des § 738 Abs. 1 Satz 1 BGB), so kann der Erwerber nach § 5 Abs. 2 BewG eine Berichtigung der Steuerfestsetzung beantragen. Auf die Identität zwischen den stillen Reserven zum Zeitpunkt der Schenkung und den stillen Reserven zum Zeitpunkt des Ausscheidens kommt es dabei nicht an.

247 Gesellschaftsverträge, insbesondere bei mittelständischen Unternehmen haben aber fast immer Klauseln, die beim Ausscheiden verhindern, dass der volle Wert der Anteile vergütet wird. Die Änderung der Bewertungsvorschriften, die eine Bewertung nach dem Ertragswert der Beteiligung vorschreiben, werden dieser Vorschrift zukünftig wesentlich mehr Bedeutung geben, als dies bisher geschehen ist. Auch ist die Beschränkung auf Personengesellschaften und die Tatsache, dass für Kapitalgesellschaften eine analoge Anwendung im Gesetz nicht enthalten ist, verfassungsmäßig bedenklich. Auch für mittelständische Kapitalgesellschaften ist ein Ausscheiden unter dem Ertragswert fast immer zu finden.

248 **bb) Schenkung eines Geschäftsanteils mit überhöhter Gewinnbeteiligung (§ 7 Abs. 6 ErbStG).** Eine Beteiligung, die mit einem Gewinnanspruch ausgestattet ist, die einem Fremden nicht eingeräumt werden würde, ist als Schenkung anzusehen. Diese Bereicherung ist mit dem Kapitalwert der Übergewinnbeteiligung anzusetzen. Offen bleibt dabei für die Anwendung der Vorschrift, wie ein Überschuss der Gewinnbeteiligung festzustellen ist, wie der Kapitalwert des Überschusses ermittelt wird, hinsichtlich Zinssatz und Dauer und mit welcher Steuerklasse bzw. Freibetrag die Steuer festgesetzt wird.

249 Die Finanzverwaltung hat in R 21 ErbStR 2003 ein Rechenschema vorgeschlagen, das von einem Jahreswert aus den durchschnittlichen Gewinnen der letzten 3 Jahren ausgeht. Für die Verzinsung wird von dem 9,3-fachen des Jahreswertes ausgegangen, gem. § 13 Abs. 2 BewG. Diese Bewertung entspricht einem auf unbestimmte Zeit in gleichbleibender Höhe gewährten Betrag. Für die Ermittlung der Steuerklasse wird durch die Gesellschaft hindurch anteilmäßig die Steuerklasse der einzelnen Gesellschafter zum Begünstigten herangezogen.

cc) Ausscheiden eines Gesellschafters bei Buchwertklauseln (§ 7 Abs. 7 ErbStG). **250**
Die Vorschrift ist im Zusammenhang mit der Vorschrift § 3 Abs. 1 Satz 2 ErbStG zu sehen. Eine Differenz zwischen dem Wert, den der Gesellschafter beim Ausscheiden erhält, und dem § 12 ErbStG entsprechenden Wert gilt als Schenkung. Diese Vorschrift, die in der Vergangenheit nur geringe praktische Anwendung fand, kann nach der Änderung der erbschaftsteuerlichen Bewertung ab dem 1.1.2009 eine wesentlich höhere Bedeutung gewinnen. Der steuerliche Wert nach § 12 ErbStG entspricht einem Ertragswert des Unternehmens und ist in vielen Fällen höher als der Abfindungswert, den ein Gesellschafter beim Ausscheiden aus der Gesellschafter nach Gesellschaftsvertrag erhält.

8. Zweckzuwendungen (§ 8 ErbStG). Für Zweckzuwendungen gilt eine Legaldefinition. Danach liegt eine Zweckzuwendung vor, wenn die Übertragung an eine bestimmte Person vorgenommen wird, um einem bestimmten Zweck zu dienen, z. B. der Versorgung des vom Verstorbenen über alles geliebten Hundes. Zweckzuwendungen werden nach den allgemeinen Regeln einer Zuwendung eines belasteten Vermögens besteuert. **251**

9. Besteuerung von Familienstiftungen (§ 1 Abs. 1 Nr. 4 ErbStG). Mit der Vorschrift verfolgt der Gesetzgeber das Ziel, zu verhindern, dass Vermögen über Generationen steuerfrei weitergegeben werden kann, weil es sich in einer Stiftung befindet. **252**

Eine Familienstiftung ist eine rechtsfähige Stiftung (geregelt in §§ 80 ff. BGB, die durch die Stiftungsgesetze der Länder ergänzt werden), die wesentlich im Interesse einer Familie errichtet ist. Die Finanzverwaltung nimmt eine Familienstiftung an, wenn die Destinatäre (die Personen, die von der Stiftung Leistungen erhalten) zu mehr als einem Viertel bezugs- oder anfallsberechtigt sind und zusätzliche Merkmale ein wesentliches Familieninteresse belegen (R 2 Abs. 3 ErbStR 2003). **253**

Nach Satzung und Stiftungsgeschäft muss es die Stiftung der Familie ermöglichen, aus dem Stiftungsgeschäft, soweit es einer Nutzung zu privaten Zwecken zugänglich ist, zu nutzen, d. h. die Stiftungserträge zu erhalten. Weitere Voraussetzung ist, dass die Angehörigen der Stifter deren Angehörigen und deren Abkömmlingen (Destinatäre) zu mehr als der Hälfte bezugs- oder anfallsberechtigt sind. **254**

255 Mit der Errichtung einer Familienstiftung verfolgt der Stifter (meist ein Unternehmer) den Zweck, das vorhandene Familienvermögen vor einer Zersplitterung zu bewahren und Verkäufe aus dem Vermögen zu verhindern.

256 Das Vermögen einer Familienstiftung wird nach erbschaftsteuerlichen Vorschriften in Zeitabständen von je 30 Jahren ab dem Zeitpunkt des ersten Übergangs von Vermögen auf die Stiftung erfasst und besteuert. Dies begründet der Gesetzgeber mit der Fiktion einer Zuwendung von Vermögen in einer Familie. Sachliche Steuerbefreiungen und Steuervergünstigungen gelten daher auch für diese sog. Erbersatzsteuer (§ 13a Abs. 7 ErbStG). Nach § 15 Abs. 2 Satz 3 ErbStG wird der doppelte Freibetrag des für die Steuerklasse nach § 16 Abs. 1 Nr. 2 ErbStG gewährt. Die Steuer kann nach § 24 ErbStG in 30 gleichen jährlichen Teilbeträgen entrichtet werden.

257 Während die Erbschaftsteuer eine am Erwerb orientierte Besteuerung darstellt, ist die Erbersatzsteuer ihrem Wesen nach eine Vermögensteuer.

III. Persönliche Steuerpflicht (§ 2 ErbStG)

258 **1. Unbeschränkte Steuerpflicht (§ 2 Abs. 1 Nr. 1 und 2 ErbStG).** Bei unbeschränkter Steuerpflicht wird der gesamte Vermögensanfall, d. h. das Gesamtvermögen, grundsätzlich weltweit der Besteuerung unterworfen. Einschränkungen können sich nur durch Doppelbesteuerungsabkommen ergeben. Zur Zeit bestehen Doppelbesteuerungsabkommen auf dem Gebiet der Erbschaftsteuer mit Dänemark, Griechenland, Schweden, Schweiz und den USA. Einen Überblick gibt H 3 ErbStR 2003.

259 **a) Vollkommen unbeschränkte Steuerpflicht (§ 2 Abs. 1 Satz 1 Nr. 1 und Nr. 2 ErbStG).** Die unbeschränkte Steuerpflicht auf den gesamten Vermögensanfall tritt ein für alle Erwerbe eines inländischen Erblasser und für alle Schenkungen eines inländischen Schenkers, auch wenn der Erwerber kein Inländer ist.

260 **b) Begrenzt unbeschränkte Steuerpflicht (§ 2 Abs. 1 Nr. 3 Satz 2 ErbStG).** Unbeschränkte Steuerpflicht tritt auch ein, für alle Erwerbe durch Inländer, die von einem nicht als Inländer geltenden Erblasser oder Schenker stammen.

261 Ein Erblasser/Schenker ist Inländer, wenn er seinen Wohnsitz (§ 8 AO) oder seinen gewöhnlichen Aufenthalt (§ 9 AO) im Inland hat unabhängig von seiner

Nationalität. Die Eigenschaft, als Inländer zu gelten, muss im Zeitpunkt des Erwerbs gegeben sein.

c) Erweiterte unbeschränkte Steuerpflicht (§ 2 Abs. 1 Nr. 1 Satz 2 ErbStG). Als Inländer gelten auch deutsche Staatsangehörige, die im Inland weder Wohnsitz noch gewöhnlichen Aufenthalt haben, aber **262**

- deutsche Diplomaten sind,
- Körperschaften oder Personenvereinigungen sind, mit Geschäftsleitung (§ 10 AO) oder Sitz (§ 11 AO) im Inland, oder
- sich erst kurze Zeit (nicht länger als 5 Jahre) dauernd im Ausland aufgehalten haben.

Diese Klausel entspricht dem Anliegen, die Möglichkeit, der „Steuerumgehung" durch eine nur vorübergehende Wohnsitzverlegung ins Ausland zu verhindern. Soweit der Wohnsitz in einen Staat, mit dem ein Doppelbesteuerungsabkommen auf dem Gebiet der Erbschaftsteuer besteht, verlegt wird, findet diese Klausel keine Anwendung. **263**

2. Beschränkte Steuerpflicht (§ 2 Abs. 1 Nr. 3 ErbStG). Ist weder der Erblasser bzw. der Schenker noch der Erwerber Inländer, so tritt eine Steuerpflicht nur ein, soweit Inlandsvermögen (i. S. von § 121 BewG) übergeht. **264**

IV. Entstehung der Steuer

Die Entstehung des Steueranspruchs ist Voraussetzung für die Fälligkeit. Der Zeitpunkt bestimmt den Steuerschuldner (§§ 20, 43 AO) als den Erwerber, auf den das Vermögen übergegangen ist. Nach seinen persönlichen Verhältnissen zum Übergeber (Erblasser, Schenker) werden die Steuerklasse, die Freibeträge und der Steuersatz festgelegt. Mit dem Übergang ist der Erwerb abgeschlossen. Dies hat Bedeutung für die Zusammenrechnung mehrerer Erwerbe innerhalb des 10-Jahres-Zeitraums nach § 14 ErbStG und des 5-Jahres-Zeitraums für die Anrechnung ausländischer Erbschaftsteuer nach § 21 Abs. 1 Satz 4 ErbStG. Die Bewertung des übergegangenen Vermögens erfolgt nach § 11 ErbStG regelmäßig im Zeitpunkt der Entstehung der Steuer. Der Zeitpunkt bestimmt auch die anwendbare Fassung der Erbschaft- uns Schenkungsteuer nach § 37 ErbStG. **265**

1. Entstehung der Steuer beim Erwerb von Todes wegen (§ 9 Abs. 1 Nr. 1 ErbStG). Grundsätzlich entsteht die Steuer bei dem Erwerb von Todes wegen **266**

(§ 1 Abs. 1 Nr. 1, § 3 ErbStG) mit dem Tod des Erblassers. Abweichende Zeitpunkte ergeben sich in den Vorschriften des § 9 Abs. 1 Nr. 1 a)–j) ErbStG. Sie sind nachstehend tabellarisch zusammengestellt.

Tab. 7: Sonderfälle des § 9 Abs. 1 Nr. 1 a)–j) ErbStG

§ 9 Abs. 1 Nr. 1 Buchstabe	Sachverhalt	Zeitpunkt der Steuerentstehung
a)	aufschiebend bedingter Erwerb	mit Bedingungseintritt
a)	betagter Erwerb	mit Fälligkeit des Anspruchs
a)	aufschiebend befristeter Erwerb	mit Ereigniseintritt
b)	Pflichtteil	mit Geltendmachung
c)	Vermögensübertragung auf Stiftung (§ 3 Abs. 2 Nr. 1 ErbStG)	mit Stiftungsgenehmigung
d)	Vollziehung angeordnete Auflage (§ 3 Abs. 2 Nr. 2 ErbStG)	mit Vollzug der Auflage
d)	Erfüllung einer Bedingung des Erblassers (§ 3 Abs. 2 Nr. 2 ErbStG)	mit Erfüllung der Bedingung
e)	Erwerb einer Leistung an andere Personen bei Genehmigung einer Zuwendung (§ 3 Abs. 2 Nr. 3 ErbStG)	mit Genehmigung
f)	Abfindung für Pflichtteilsverzicht (§ 3 Abs. 2 Nr. 4 ErbStG)	mit Verzicht
f)	Abfindung für Ausschlagung (§ 3 Abs. 2 Nr. 4 ErbStG)	mit Ausschlagung
f)	Abfindung für Ausschlagung eines Vermächtnisses (§ 3 Abs. 2 Nr. 4 ErbStG)	mit Vereinbarung der Abfindung
g)	Abfindung für ein bedingtes, betagtes Vermächtnis mit abgelaufener Frist (§ 3 Abs. 2 Nr. 5 ErbStG)	mit Vereinbarung der Abfindung
h)	Erwerb des Nacherben	mit Eintritt der Nacherbfolge
i)	Entgelt für die Übertragung der Nacherbenanwartschaft (§ 3 Abs. 2 Nr. 6 ErbStG)	mit Übertragung der Anwartschaft
j)	Erwerbe aufgrund. von § 2287 BGB (§ 3 Abs. 2 Nr. 7 ErbStG)	mit Geltendmachung

267 **a) Aufschiebend bedingter Erwerb (§ 9 Abs. 1 Nr. 1 a) ErbStG).** Für den Erwerb mit einer aufschiebenden Bedingung, Betagung oder Befristung entsteht die Steuer mit dem Eintritt.

Bedingung ist ein künftiges ungewisses Ereignis, von dem der Erwerb abhängt. Der Erwerb erfolgt nicht rückwirkend auf den Erbfall, sondern erst im Zeitpunkt, in dem die Bedingung eintritt. **268**

Befristung ist die Zeitbestimmung nach § 162 BGB als Anfangs- oder Endtermin. Sie unterscheidet sich von der Bedingung dadurch, dass der Termin sicher ist. **269**

Betagung ist nicht zu verstehen i. S. von § 813 Abs. 2 BGB, als hinausgeschobene Fälligkeit einer entstandenen Forderung – diese kann durch Abzinsung berücksichtigt werden –, sondern als hinausgeschobenen Zeitpunkt, an dem der Rechtsanspruch entsteht, der aber noch ungewiss ist. **270**

b) Geltend gemachter Pflichtteil. Nach § 9 Abs. 1 Nr. 1 b) ErbStG entsteht die Steuer im Zeitpunkt der Geltendmachung des Pflichtteils. **271**
Geltendmachung heißt, „ernstliches Verlangen" (sinnvollerweise schriftlich). Eine Bezifferung ist nicht notwendig. Nach § 2317 Abs. 1 BGB entsteht der Pflichtteilsanspruch mit dem Erbfall. Trotzdem erfolgt eine Bewertung erst bei der Geltendmachung. Auf diese Weise vermeidet das Gesetz die Besteuerung des Pflichtteilsberechtigten, wenn er seinen Anspruch nicht verfolgt und keinen Erwerb hat.

c) Vermögensübertrag auf eine vom Erblasser angeordnete Stiftung (§ 9 Abs. 1 Nr. 1 c), § 3 Abs. 2 Nr. 1 Sätze 1 und 2 ErbStG). Die Erbschaftsteuer entsteht mit der Rechtsfähigkeit der Stiftung oder mit dem Zeitpunkt der Ausstattung der Vermögensmasse. Nach Auffassung des BFH (BFH Urt. v. 25.10.1995 – II R 20/92 –, BStBl. II 1996, 99) unterliegt aber der Vermögenszuwachs zwischen dem Todestag und dem Tag der Anerkennung der Stiftung der Erbschaftsteuer. Dieses Problem kann verhindert werden, wenn die Stiftung vor dem Todestag bzw. der Übertragung von Stiftungsvermögen bereits anerkannt ist. **272**

d) Vollziehung einer angeordneten Auflage (§ 9 Abs. 1 Nr. 1 d), § 3 Abs. 2 Nr. 2 ErbStG). Bei einer angeordneten Auflage hat der Begünstigte kein Recht auf die Leistung (§ 1940 BGB). Daher entsteht die Steuer erst mit der Vollziehung der Auflage. **273**

e) Genehmigung einer Zuwendung (§ 9 Abs. 1 Nr. 1 e), § 3 Abs. 2 Nr. 3 ErbStG). Der Erwerb von Todes wegen unterliegt in gewissen Fällen einer staatlichen Genehmigung. Wenn eine solche Genehmigung davon abhängig ist, dass eine bestimmte Leistung an Dritte erbracht wird, entsteht die Steuer erst mit der Genehmigung. **274**

275 **f) Abfindung für den Verzicht auf den Erwerb von Todes wegen (§ 9 Abs. 1 Nr. 1 f), § 3 Abs. 2 Nr. 4 ErbStG).** Abfindungen für einen Verzicht auf den entstandenen Pflichtteilsanspruch oder für die Ausschlagung einer Erbschaft oder eines Vermächtnisses werden mit dem Zeitpunkt des Verzichts bzw. der Ausschlagung steuerpflichtig. Bei späterer Fälligkeit gilt der Fälligkeitszeitpunkt.

276 **g) Vorzeitige Abfindung bei aufschiebend bedingtem Vermächtnis (§ 9 Abs. 1 Nr. 1 g), § 3 Abs. 2 Nr. 5 ErbStG).** Als Erwerb von Todes wegen gilt, was als Abfindung für ein aufschiebend bedingten Erwerb gewährt wird. Die Steuer entsteht mit dem Zeitpunkt der Vereinbarung.

277 **h) Erwerb des Nacherben (§ 9 Abs. 1 Nr. 1 h) ErbStG).** Nacherben haben nach § 6 Abs. 2 Satz 1 ErbStG bei Eintritt der Nacherbschaft den Erwerb als vom Vorerben stammend zu versteuern. Demgemäß ist es folgerichtig, dass die Steuer auch erst mit dem Eintritt der Nacherbschaft entsteht.

278 **i) Übertragung der Anwartschaft eines Nacherben (§ 9 Abs. 1 Nr. 1 i), § 3 Abs. 2 Nr. 6 ErbStG).** Der Nacherbe erhält mit dem Tod des Erblassers ein festes vererbliches Recht auf die Nacherbschaft (vgl. § 2108 BGB). Abweichend davon wird die Nacherbschaft erbschaftsteuerlich als aufschiebend bedingter Erwerb erst mit Anfall besteuert. Ein im Zusammenhang mit einer Übertragung des Rechts auf Nacherbschaft erhaltenes Entgelt wird mit der Vereinbarung steuerpflichtig.

279 **j) Erwerb des Vertragserben nach § 2287 BGB (§ 9 Abs. 1 Nr. 1 j), § 3 Abs. 2 Nr. 7 ErbStG).** Das Entgelt, dass ein Vertragserbe anstelle seines Anspruchs erhält, ist mit der Geltendmachung des Anspruchs fällig.

280 **2. Entstehung der Steuer bei Schenkungen unter Lebenden (§ 9 Abs. 1 Nr. 2 ErbStG).** Im Gegensatz zu der detaillierten Bestimmung des Zeitpunkts beim Erwerb von Todes wegen entsteht die Steuer bei Schenkungen grundsätzlich mit der Ausführung der Zuwendung.

281 Handelt es sich um eine Handschenkung (§ 516 BGB), ist die Zuwendung ausgeführt, wenn der Schenker das Eigentum am Schenkungsgegenstand verschafft hat. Bei einem Schenkungsversprechen (§ 518 BGB) ist die Erfüllung des Versprochenen entscheidend.

282 Ausschlaggebend ist der Übergang des bürgerlich rechtlichen Eigentums. Wirtschaftliches Eigentum (nach § 39 AO) genügt auch nach Auffassung des BFH nicht (BFH Urt. v. 22.9.1982 – II R 61/80 –, BStBl. II 1983, 179). Das Finanzamt hat in R 23 Abs. 1 Satz 1 ErbStR 2003 den Zeitpunkt der Ausführung einer Grundstücksschenkung mit der notariellen Abgabe der übereinstimmenden Erklärungen der Vertragsparteien bestimmt, wenn der Beschenkte aufgrund dieser Erklärungen in der Lage ist, beim Grundbuchamt die Eintragung zu bewirken.

3. Entstehung der Steuer bei Zweckzuwendungen (§ 9 Abs. 1 Nr. 3 ErbStG). Die Erbschaftsteuer entsteht mit dem Zeitpunkt des Eintritts der Verpflichtung des Bedachten. **283**

4. Entstehung der Steuer bei Familienstiftungen (§ 9 Abs. 1 Nr. 4 ErbStG). Der 30-jährige Besteuerungsturnus bei Familienstiftungen (§ 1 Abs. 1 Nr. 4 ErbStG) beginnt mit dem erstmaligen Übergang von Vermögen auf die Stiftung. **284**

V. Steuerbemessungsgrundlage (§ 10 ErbStG)

1. Grundsatz. Die Besteuerung richtet sich nach der Bereicherung der Erwerber durch die Vermögensübertragung (§ 10 Abs. 1 Satz 1 ErbStG). Das Bereicherungsprinzip wird durch das Stichtagsprinzip (§§ 9, 11 ErbStG) ergänzt. Das Stichtagsprinzip besagt, dass für den Erwerb ausschließlich die Bereicherung zum Stichtag des Vermögensübergangs maßgeblich ist. **285**

2. Erwerb von Todes wegen (§ 10 Abs. 1 Satz 2 ErbStG). Für Erwerbe von Todes wegen (vgl. § 3 ErbStG) gilt als Bereicherung der Nachlasswert (ermittelt nach § 12 ErbStG) nach Abzug der Freibeträge und nach Abzug der Nachlassverbindlichkeiten gem. § 10 Abs. 5 ErbStG. **286**

Hierzu nachfolgendes Schema: **287**

Tab. 8: Ermittlung des steuerpflichtigen Erwerbs

	Steuerwert des Land- und forstwirtschaftlichen Vermögens
+	Steuerwert des Betriebsvermögens
+	Steuerwert der Anteile an Kapitalgesellschaften
	Zwischensumme
./.	Verschonungsabschlag und Abzugsbetrag nach § 13a Abs. 1, 2 ErbStG
+	Steuerwert des Grundvermögens
./.	Verschonungsabschlag nach § 13c ErbStG
+	Steuerwert des übrigen Vermögens
=	**Vermögensanfall nach Steuerwerten (1)**

	Steuerwert der Nachlassverbindlichkeiten, soweit nicht vom Abzug ausgeschlossen, mindestens Pauschbetrag für Erbfallkosten
=	**abzugsfähige Nachlassverbindlichkeiten (2)**

	Vermögensanfall nach Steuerwerten [Ziffer (1)]
./.	abzugsfähige Nachlassverbindlichkeiten [Ziffer (2)]
./.	weitere Befreiungen nach § 13 ErbStG
=	**Bereicherung des Erwerbers (3)**

	Bereicherung des Erwerbers [Ziffer (3)]
./.	ggf. steuerfreier Zugewinnausgleich nach § 5 Abs. 1 ErbStG
+	hinzuzurechnende Vorerwerbe nach § 14 ErbStG
./.	persönlicher Freibetrag nach § 16 ErbStG
./.	Versorgungsfreibetrag nach § 17 ErbStG
=	**steuerpflichtiger Erwerb (abzurunden auf volle 100 € nach § 10 Abs. 1 Satz 6 ErbStG)**

288 Vom steuerpflichtigen Erwerb sind als Nachlassverbindlichkeiten

- Schulden des Erblassers (§ 10 Abs. 5 Nr. 1 ErbStG),
- Verbindlichkeiten aus Vermächtnissen, Auflagen oder Pflichtteilen (§ 10 Abs. 5 Nr. 2 ErbStG) und
- Bestattungskosten (§ 10 Abs. 5 Nr. 3 ErbStG) mit mindestens einem Pauschalbetrag von 10.300 € abzugsfähig.

289 **Schulden in Zusammenhang mit steuerfreiem begünstigten Vermögen** und begünstigtem zu Wohnzwecken vermieteten Grundstücken (nach § 13c ErbStG) können nur in dem Umfang berücksichtigt werden, wie das Vermögen der Besteuerung unterliegt (§ 10 Abs. 6 ErbStG)

290 **Beispiel:** (in Anlehnung an: Lüdicke/Fürwendtsches DB 2009, 12)
Der Erblasser hinterlässt eine Beteiligung an der E-GmbH mit einem gemeinen Wert von 1.000.000 €. Das übrige Vermögen beträgt 500.000 €. Den Erwerb der Anteile an der E-GmbH hatte er finanziert mit einem Darlehen, das zum Todestag noch ein Betrag von 500.000 € aufweist. Wegen wirtschaftlicher Schwierigkeiten muss der Erbe im dritten Jahr nach der Erbschaft Insolvenz anmelden. Es ergibt sich folgende Berechnung des steuerpflichtigen Erwerbs:

Gemeiner Wert der E-GmbH (§ 12 Abs. 2 ErbStG)	1.000.000 €
Verschonungsabschlag (§§ 13a, 13b ErbStG)	
(85 % von 1.000.000 € davon 2/7)	– 242.858 €
Übriges Vermögen	500.000 €
Bereicherung (§ 10 Abs. 1 Satz 1 ErbStG)	1.257.142 €
Nachlassverbindlichkeiten	
757.142 €/1.000.000 € (75,71 %) von 500.000 €	– 378.571 €
Steuerpflichtiger Erwerb (§ 10 Abs. 1 ErbStG)	878.571 €
Freibetrag (§ 16 Abs. 1 Nr. 2 ErbStG)	400.000 €
verbleiben	478.671 €
Abrundung	478.600 €
Erbschaftsteuer (StKl I 15 %)	71.790 €

291 **Steuerschulden** des Erblasser sind abzugsfähig. Dazu gehören auch Steuerschulden aus einem vorhergehenden Erbfall oder vorhergehender Schenkung. Die eigene Erbschaftsteuer aus dem Erwerb ist nicht abzugsfähig (§ 10 Abs. 8 ErbStG). Der Vorerbe kann die Erbschaftsteuer nach § 20 Abs. 4 ErbStG abziehen.

292 **Steuererstattungsansprüche** des Erblassers gehören zum Vermögensanfall unabhängig davon, ob sie bereits festgesetzt wurden. Nach § 10 Abs. 1 Satz 3 ErbStG ist lediglich Voraussetzung, dass sie entstanden sind.

293 **a) Konfusion und Konsolidation (§ 10 Abs. 3 ErbStG).** Zivilrechtlich erloschene Rechtsverbindlichkeiten wegen des Zusammentreffens der Gläubiger- und Schuldnerstellung in einer Person (Konfusion) oder wegen des Erlöschens von Recht und Belastung (Konsolidation) gelten als nicht erloschen.

294

Beispiel 1:
Sohn leiht seinem Vater vor dem Tode 10.000 € und wird Alleinerbe (Konfusion).

Beispiel 2:
Der Nießbrauchsberechtigte erbt das belastete Grundstück (Konsolidation). Der Erbe kann die Nießbrauchslast mit ihrem Kapitalwert entsprechend seinem Lebensalter im Zeitpunkt des Erwerbs abziehen.

295 **b) Anwartschaft des Nacherben (§ 10 Abs. 4 ErbStG).** Entgegen § 2108 Abs. 2 BGB ist die Anwartschaft auf eine Nacherbschaft nicht im erbschaftsteuerlichen Nachlass enthalten. Dies ergibt sich auch aus der Behandlung der Anwartschaft als aufschiebend bedingten Erwerb vom Vorerben.

296 **c) Auflagen, die dem Beschwerten selbst zugute kommen**, sind nicht abzugsfähig (§ 10 Abs. 9 ErbStG).

297 **Beispiele:** (nach Högl in Gürsching/Stenger ErbStG § 10 Rn. 267)
Die Auflagen,
- mit dem geerbten Geld ein Grundstück zu erwerben,
- mit dem geerbten Geld einen anderen Gegenstand zu erwerben oder
- den Erben zur Renovierung eines Nachlassgrundstücks oder eines eigenen Grundstück zu verpflichten.

298 **3. Steuerpflichtiger Erwerb bei Schenkungen unter Lebenden.** Bei einem Erwerb von Todes wegen bestimmt § 10 Abs. 1 Satz 2 ErbStG, wie die Bereicherung als Bemessungsgrundlage für die Steuerfestsetzung zu ermitteln ist. Für die Ermittlung der Bereicherung aus einer Schenkung unter Lebenden bedarf es keiner besonderen Regelung. Die Bereicherung ergibt sich hier unmittelbar aus dem Tatbestand des § 7 Abs. 1 Nr. 1 ErbStG. Danach liegt eine Schenkung nur insoweit vor, als der Bedachte durch die Zuwendung tatsächlich bereichert ist (vgl. BFH Urt. v. 21.10.1981, – II R 176/78 – BStBl. 1982 II, 83, so auch die Finanzverwaltung in R 17 Abs. 1 Satz 2 ErbStR 2003).

299 Bei einer gemischten Schenkung, bei der im Zusammenhang mit der Schenkung auch Verbindlichkeiten übernommen werden, umfasst der schenkungsteuerliche Tatbestand nur den unentgeltlichen Teil des Vertrages. Die Übernahme der Verbindlichkeiten wird abgespalten vom Gesamterwerb als entgeltlicher Vorgang behandelt. Als Bereicherung gilt somit
- bei einer gemischten Schenkung der Unterschied zwischen dem Verkehrswert der Leistung des Schenkers und dem Verkehrswert der Gegenleistung des Beschenkten,
- bei einer Schenkung mit Leistungsauflage der Unterschied zwischen dem Verkehrswert des zugewendeten Vermögens und der vom Bedachten übernommenen Auflagen.

300 Eine Nutzungs- oder Duldungsauflage führt zu einer zeitlich beschränkten Duldungspflicht, die kein Entgelt darstellt. Als Bereicherung gilt der gesamte Vermögensanfall. Die Belastung mit der Duldungsauflage ist durch Abzug der Last zu berücksichtigen.

301 Bei der Anwendung des schenkungsteuerlichen Bereicherungsprinzips des Erwerbs können nur die Verbindlichkeiten angesetzt werden, die anteilig dem Verhältnis zwischen Steuerwert und Verkehrswert entsprechen.

302 **4. Erwerb einer Beteiligung an einer vermögensverwaltenden Personengesellschaft (§ 10 Abs. 1 Satz 4 ErbStG).** Die Vorschrift behandelt den unmittelbaren oder mittelbaren Erwerb von Beteiligungen an Personengesellschaften oder anderen Gesamthandsgemeinschaften (z. B. einer Erbengemeinschaft), die nicht Mitunternehmerschaften nach §§ 15, 18 EStG darstellen. Dies betrifft insbesondere grundstückverwaltende Personengesellschaften. Beim Erwerb eines Gesellschaftsanteils können die Besitzposten und Schulden der Gesamthandgemeinschaft nicht zu einer wirtschaftlichen Einheit (wie beim Betriebsvermögen) zusammengefasst werden. Den Gesellschaftern sind daher die Besitzposten und die Gesellschaftsschulden anteilig wie Bruchteilseigentum zuzurechnen (vgl. R 26 ErbStR 2003 und § 39 Abs. 2 Nr. 2 AO). In diesem Fall soll die Verpflichtung des Beschenkten, gesellschaftsrechtlich intern die anteiligen Schulden gegen sich gelten zu lassen, als Gegenleistung des Beschenkten behandelt werden. Das Gesetz stellt damit klar, dass die Grundsätze der gemischten Schenkung anzuwenden sind.

303 **Beispiel:**
A schenkt seinem Sohn seinen 50 % Anteil an einer Grundstücksgesellschaft. Der Wert des Grundbesitzes beträgt 750.000 €. Der Grundbesitz ist belastet mit einer Grundschuld in Höhe von 150.000 €. Das Grundstück wird gesondert mit einem Steuerwert von 700.000 € festgestellt.

Steuerwert der Zuwendung = 700.000 € x (750.000 € – 150.000 €)/750.000 € = 560.000 €

304 Beim Erwerb von Todes wegen kommt die Vorschrift nicht zur Anwendung, da der Erwerber als Gesamtrechtsnachfolger die Erblasserschulden nach § 10 Abs. 5 Nr. 1 ErbStG vom Nachlass abziehen kann (so auch R 26 Abs. 2 Satz 4 ErbStR 2003).

305 **Beispiel:**
A hinterlässt seinem Sohn seinen 50 % Anteil an einer Grundstücksgesellschaft. Der Wert des Grundbesitzes beträgt 750.000 €. Der Grundbesitz ist belastet mit einer Grundschuld in Höhe von 150.000 €. Das Grundstück wird gesondert mit einem Steuerwert von 700.000 € festgestellt.

Steuerwert der Zuwendung	700.000 €
abzgl. Nachlassverbindlichkeiten	150.000 €
	550.000 €

306 **5. Erwerb bei Zweckzuwendung (§ 10 Abs. 1 Satz 5 ErbStG).** Bei einer Zweckzuwendung fehlt es an einer Bereicherung des Erwerbers (§ 8 ErbStG). Anstelle des Wertes der Vermögensübertragung tritt die Verpflichtung des Belasteten. Die Verpflichtung ist allerdings um etwaige sachliche Steuerbefreiungen (z. B. nach §§ 9, 13 Abs. 1 Nr. 17 ErbStG) und sonstige Aufwendungen, die zur Zweckerfüllung erforderlich sind, zu kürzen (z. B. den Pauschbetrag nach § 10 Abs. 5 Nr. 3 Satz 2 ErbStG).

307 **6. Behandlung von Nachfolgeklauseln in Gesellschaftsverträgen (§ 10 Abs. 10 ErbStG).** Gesellschaftsverträge insbesondere bei Familiengesellschaften enthalten oft sog. qualifizierte Nachfolgeklauseln. Sie bestimmen, dass eine Übertragung von Gesellschaftsanteilen nur auf bestimmte Gesellschafter oder Angehörige erfolgen darf. Wird nun ein solcher Gesellschaftsanteil nach Erbrecht auf einen gesellschaftsrechtlich nicht Berechtigten übertragen, so besteht regelmäßig eine Übertragungsverpflichtung oder ein Einziehungsrecht der übrigen Gesellschafter gegen eine Abfindungszahlung. Derartige Abfindungszahlungen sind üblicherweise geringer als der gemeine Wert der Gesellschaftsanteile. § 10 Abs. 10 ErbStG bestimmt nun, dass sich die Bereicherung des Erben dann nur auf den niedrigeren Abfindungsbetrag beschränkt. Die Bereicherung der anderen Gesellschafter, die die Anteile erhalten, ist steuerpflichtiger Erwerb nach § 7 Abs. 7 Satz 3 ErbStG. Die Erwerber erhalten dann auch die Steuerbefreiungen, wenn die Voraussetzungen des § 13a ErbStG vorliegen und eingehalten werden.

308 **7. Übernahme der Schenkungsteuer (§ 10 Abs. 2 ErbStG).** Steuerschuldner beim Erwerb von Todes wegen oder bei Schenkungen ist regelmäßig der Erwerber. Wenn der Schenker die Schenkungsteuer übernehmen möchte, erhöht er dadurch den Wert der Zuwendung. Die Übernahme der Schenkungsteuer stellt keinen weiteren Erwerb dar. Deshalb ist es meistens günstiger, wenn der Schenker die Steuer trägt und den Schenkungsbetrag entsprechend kürzt.

309

Beispiel:

Wert der Zuwendung		205.736 €
Daraus errechnete Steuer		
Zuwendung	205.736 €	
Freibetrag	20.000 €	
Verbleiben	185.736 €	
Abgerundet	185.700 €	
Steuer (30 %)	55.710 €	55.710 €
		261.446 €
Freibetrag		20.000 €
verbleiben		241.446 €
abgerundet		241.400 €
Steuer (30 %)		72.420 €
Vermögensübertragung nach Steuern	133.316 €	
Bei Zahlung der Steuer durch B		
Wert der Zuwendung		278.156 €
(205.736 € + 72.420 €)		
Freibetrag		20.000 €
Verbleiben		258.156 €
Abgerundet		258.100 €
Steuer (30 %)		77.430 €
Vermögensübertragung nach Steuern	155.886 €	
Unterschied	22.570 €	

310 Hat der Schenker einem Dritten die Steuer auferlegt, so wird dennoch der Erwerber in Anspruch genommen. Der Erwerber hat lediglich zivilrechtlich einen Rückgriffsanspruch gegen den Dritten. Ist der Dritte selbst einer der Beschenkten, so kann er die Schenkungsteuer wie sonstige Erwerbsnebenkosten entsprechend als Leistungsauflage geltend machen

311 **8. Abrundung (§ 10 Abs. 1 Satz 6 ErbStG).** Der steuerpflichtige Erwerb wird auf volle 100 Euro abgerundet.

VI. Bewertung

312 Bei der Wertermittlung nach dem Erbschaftsteuergesetz ist zu klären:

- Was ist zu bewerten?
- Auf welchen Zeitpunkt ist zu bewerten?
- Wie ist zu bewerten?

Das „Was“ bestimmt § 10 ErbStG, das „Wie“ § 12 ErbStG. Den maßgeblichen Zeitpunkt legt § 11 ErbStG fest.

313 **1. Bewertungsstichtag (§ 11 ErbStG).** Der Bewertungsstichtag gilt für die gesamte Wertermittlung, die sich aus der Bereicherung und der Minderung um die beim Vermögensanfall gesetzlich bestimmten Abzugsposten ergibt. Die Vorschrift bestimmt den Bestand und die Bewertung zum Stichtag.
Für die Wertermittlung ist grundsätzlich der Zeitpunkt der Entstehung der Steuer maßgebend. Dieses Stichtagsprinzip bedeutet, dass sich Wertveränderungen – sowohl positive als auch negative – nach dem Stichtag nicht auswirken. Der Bewertungsstichtag wird bestimmt durch den Tod des Erblassers beim Erwerb von Todes wegen (§ 9 Abs. 1 Satz 2 ErbStG) bzw. den Zeitpunkt der Ausführung bei Schenkungen (§ 9 Abs. 1 Satz 2 ErbStG).

314 **2. Bewertung der einzelnen Vermögensarten (§ 12 ErbStG).** Bewerten nach dem Erbschaftsteuergesetz bedeutet die Feststellung der Bereicherung des Erwerbers durch den Wert des gesamten Vermögensanfalls nach Abzug des Wertes der abzugsfähigen Verbindlichkeiten.

315 Das ab dem 1.1.2009 geltende ErbStG verzichtet entsprechend den Auflagen des BVerfG auf eine eigene Bewertung. Es verweist auf die Vorschriften des BewG. Die Bewertung richtet sich nach dem Verweis des § 12 ErbStG grundsätzlich nach dem gemeinen Wert im allgemeinen Teil des BewG. Der gemeine Wert ist dabei der Wert, der im Geschäftsverkehr für die Wertermittlung unter fremden Dritten angesetzt werden würde (§ 9 Abs. 2 BewG). Wenn sich dieser Wert nicht aus tatsächlich stattgefundenen Verkäufen ermitteln lässt, muss dieser Wert geschätzt werden. Für diese Schätzung werden in § 9 Abs. 2–4 BewG Schätzverfahren genannt.

316 **a) Bewertung von Anteilen an Kapitalgesellschaften (§ 12 Abs. 2 ErbStG).** Für Anteile an Kapitalgesellschaften (GmbH, AG) ist ein Wert nach § 151 Abs. 1 Satz 1 Nr. 3 BewG auf den Bewertungsstichtag gesondert festzustellen. Gesonderte Feststellung i. S. von §§ 151–156 BewG bedeutet, dass neben dem für die

Erbschaftsteuerfestsetzung örtlich zuständigen Finanzamt ein weiteres Finanzamt für die Ermittlung des Wertes eines Vermögensgegenstandes innerhalb des Gesamterwerbs in einem eigenen Verfahren mit zusätzlicher Erklärungspflicht und eigener Bekanntgabe zuständig ist. Der Feststellungsbescheid durch dieses Finanzamt ist als Grundlagenbescheid (§ 182 Abs. 1 Satz 1 AO) eine für das Erbschaftsteuerfinanzamt verbindliche Wertfeststellung.

317 Gesellschaftsanteile werden mit den Preisen kürzlich stattgefundener Verkäufe angesetzt oder, wenn diese nicht vorliegen, durch Schätzung mit einem Ertragswert der nach §§ 198–203 BewG ermittelt wird.

318 **b) Bewertung von Grundbesitz (§ 12 Abs. 3 ErbStG).** Für Grundbesitz nach der Begriffsbestimmung des § 19 Abs. 1 BewG wird der Wert gesondert festgestellt. Als Grundbesitz sind folgende Vermögenswerte aufgeführt:

- Grund und Boden (§ 68 Abs. 1 Nr. 1 BewG),
- Erbbaurecht (§ 68 Abs. 1 Nr. 2 BewG),
- Wohnungseigentum, Teileigentum, Wohnungserbbaurecht und Teilerbbaurecht (§ 68 Abs. 1 Nr. 3 BewG) und
- Betriebsgrundstücke (§ 99 BewG).

319 Es wird ein gemeiner Wert auf den Bewertungsstichtag mit Hilfe des Vergleichswertverfahrens (§ 183 BewG) oder des Ertragswertverfahrens (§ 184 BewG) in Abhängigkeit von der Grundstücksart festgestellt.

320 **c) Bewertung von Bodenschätzen (§ 12 Abs. 4 ErbStG).** Für Bodenschätze wird der ertragsteuerliche Wert angesetzt.

321 **d) Bewertung inländischen Betriebsvermögens (§ 12 Abs. 5 ErbStG).** Für inländisches Betriebsvermögen wird ein gemeiner Wert auf den Bewertungsstichtag gesondert nach § 151 Abs. 1 Satz 1 Nr. 2 BewG festgestellt. Die Wertermittlung erfolgt wie bei Anteilen an Kapitalgesellschaften nach aktuellen Verkäufen oder dem Ertragswertverfahren nach §§ 198–203 BewG. Bei Personengesellschaften wird der ermittelte Gesamtwert anteilig auf die einzelnen Gesellschafter nach § 97 Abs. 1a BewG aufgeteilt.

322 **e) Bewertung ausländischen Grundbesitzes und ausländischen Betriebsvermögens (§ 12 Abs. 7 BewG).** Für ausländischen Grundbesitz und ausländisches Betriebsvermögen wird ein gemeiner Wert nach § 31 BewG angesetzt.

VII. Sachliche Steuerbefreiungen (§§ 13–13c ErbStG)

323 Nach § 10 Abs. 1 Satz 1 ErbStG gilt als steuerpflichtiger Erwerb die Bereicherung des Erwerbers – ermittelt nach den Vorschriften des BewG –, soweit die Bereicherung nicht steuerfrei nach §§ 5, 13, 13a, 13c, 16, 17, 18 ErbStG ist. Im Umkehrschluss bestätigt die Aufzählung der Befreiungstatbeständen die grundsätzliche Steuerbarkeit der entsprechenden Erwerbsvorgänge.

324 Der steuerliche Erwerb ist im Umfang der jeweiligen Steuerbefreiung zu kürzen. Die tatbestandlichen Voraussetzungen für eine Steuerbefreiung müssen jeweils im Zeitpunkt der Steuerentstehung (§ 11 ErbStG) erfüllt sein. Die Prüfung der Steuerbefreiungen geschieht von Amts wegen. Dabei ist jede Regelung separat anwendbar. Eine kumulative Anwendung ist daher nicht ausgeschlossen.

325 In der folgenden Tabelle sind die im weiteren beschriebenen sachlichen Freibeträge in einer Übersicht zusammengefasst. Es wird zwischen sachlichen und persönlichen Freibeträgen unterschieden.

Tab. 9: Sachliche Freibeträge

Paragraph	Erwerbsvorgang	Begrenzung
§ 5	Zugewinnausgleich	
§ 13 Abs. 1 Nr. 1 a)	Hausrat, Wäsche und Kleidungsstücke beim Erwerb durch Personen der Steuerklasse I	soweit der Wert 41.000 € nicht übersteigt
§ 13 Abs. 1 Nr. 1 b)	Bewegliche körperliche Gegenstände, die nicht nach § 13 Abs. 1 Nr. 2 befreit sind beim Erwerb durch Personen der Steuerklasse I	soweit der Wert 10.300 € nicht übersteigt
§ 13 Abs. 1 Nr. 1 c)	Hausrat, Wäsche, Kleidungsstücke und andere körperliche Gegenstände, die nicht nach § 13 Abs. 1 Nr. 2 befreit sind beim Erwerb durch Personen der Steuerklasse II und III	soweit der Wert 10.300 € nicht übersteigt
§ 13 Abs. 1 Nr. 2	Grundbesitz, Kunstgegenstände, Bibliotheken und Sammlungen im öffentlichen Interesse	mit 85 %, 60 % des Wertes bzw. unbegrenzt, wenn dem Denkmalsschutz unterworfen oder seit mindestens 20 Jahre im Besitz der Familie und nationales Kulturgut
§ 13 Abs. 1 Nr. 3	Grundbesitz im öffentlichen Interesse und zugänglich für die Allgemeinheit	

§ 13 Abs. 1 Nr. 4	Dreißigste (§ 1969 BGB)	
§ 13 Abs. 1 Nr. 4a	Schenkungen im Zusammenhang mit dem inländischen „Familienheim“	
§ 13 Abs. 1 Nr. 4b	Erwerb der selbst genutzten Wohnung des Erblassers durch den Ehegatten von Todes wegen	entfällt, wenn nicht Nutzung für 10 Jahre zu eigenen Wohnzwecken
§ 13 Abs. 1 Nr. 4c	Erwerb der selbst genutzten Wohnung des Erblassers durch Kinder (Steuerklasse I Nr. 2) und Kinder verstorbener Kinder (Steuerklasse I Nr. 2)	soweit die Wohnfläche nicht 200 qm übersteigt und Nutzung für 10 Jahre zu eigenen Wohnzwecken
§ 13 Abs. 1 Nr. 5	Befreiung einer Schuld gegenüber dem Erblasser zum Zweck der Ausbildung, des Unterhalts, aus Sanierungsgründen	soweit die Schuld aus der Hälfte anderer Zuwendung gedeckt werden kann
§ 13 Abs. 1 Nr. 6	Zuwendung von Kindern an erwerbsunfähige Eltern und Voreltern	sofern der Erwerb nicht 41.000 € übersteigt
§ 13 Abs. 1 Nr. 7 und 8	Ansprüche aus dem Lastenausgleichsgesetz u. ä. Gesetzen	
§ 13 Abs. 1 Nr. 9	Zuwendung an Pflegepersonal	bis zu 5.200 €
§ 13 Abs. 1 Nr. 9a	Weitergabe des gesetzlichen Pflegegeldes	
§ 13 Abs. 1 Nr. 10	Vermögensrückfall von Todes wegen an Eltern/Voreltern	
§ 13 Abs. 1 Nr. 11	Pflichtteilsverzicht	
§ 13 Abs. 1 Nr. 12	Schenkungen zum Zweck des angemessenen Unterhalts	
§ 13 Abs. 1 Nr. 13	Zuwendung an Pensions- und Unterstützungskassen	
§ 13 Abs. 1 Nr. 14	Übliche Gelegenheitsgeschenke	
§ 13 Abs. 1 Nr. 15	Anfälle an den Fiskus	
§ 13 Abs. 1 Nr. 16	Zuwendungen an Religionsgemeinschaften und inländische gemeinnützige Institutionen	
§ 13 Abs. 1 Nr. 17	Zweckzuwendungen für gemeinnützige, mildtätige oder kirchliche Zwecke	

§ 13 Abs. 1 Nr. 18	Zuwendungen an politische Parteien und Wählervereinigungen	
§ 13a	Betriebsvermögen, Betriebe der Land- und Forstwirtschaft und Anteile an Kapitalgesellschaften	85 % bzw. 100 % des Wertes ohne Verwaltungsvermögen bei Erfüllung von Besitz- und Verhaltensregelungen für die Dauer von 7 bzw. 10 Jahre
§ 13c	Zu Wohnzwecken vermietete Grundstücke	10 % des Wertes

326 **1. Hausrat und andere bewegliche körperliche Gegenstände (§ 13 Abs. 1 Satz 1 ErbStG). – a) Hausrat einschließlich Wäsche und Kleidungsstücke** bleiben steuerfrei beim Erwerb durch Personen der Steuerklasse I, soweit der Wert insgesamt 41.000,00 € nicht übersteigt (§ 13 Abs. 1 Satz 1 a) ErbStG).

327 „Hausrat" im Sinne des Gesetzes ist:

- die Ausstattung der Wohnung,
- die dem persönlichen Gebrauch dienenden Sachen (Kleider, Wäsche, Porzellan).

328 **b) Andere körperliche Gegenstände.** Diese sind nach § 13 Abs. 1 Satz 1 b) ErbStG steuerfrei, soweit ihr Wert insgesamt 12.000 € nicht übersteigt.

329 **c) Hausrat und sonstige bewegliche Gegenstände bei Erwerb durch Personen der Steuerklasse III.** Diese sind steuerfrei, soweit ihr Wert insgesamt 12.000 € nicht übersteigt.

330 Der Lebenspartner wird den Personen der Steuerklasse I gleichgestellt nach § 13 Abs. 1 Satz 2 ErbStG.

331 **2. Kunstgegenstände und Grundbesitz im öffentlichen Interesse (§ 13 Abs. 1 Nr. 2 und 3 ErbStG).** Diese bleiben mit 85 % des Wertes steuerfrei, wenn die Erhaltung im öffentlichen Interesse liegt, die Kosten die Einnahmen übersteigen und der Grundbesitz der Öffentlichkeit zugänglich gemacht wird.

332 Grundbesitz bleibt vollständig frei, wenn die Verwaltung den Bestimmungen der Denkmalspflege unterstellt wird oder ein national wertvolles Kulturgut darstellt und seit mindestens 20 Jahren in Besitz der Familie war.
Grundbesitz, der der Volkswohlfahrt oder der Allgemeinheit dient, ist in vollem Umfang steuerfrei (§ 13 Abs. 1 Satz 4 ErbStG).

333 Kunstgegenstände, Kunstsammlungen, wissenschaftliche Sammlungen, Bibliotheken und Archive bleiben mit 60 % bzw. 100 % steuerfrei, wenn die beim

Grundbesitz geschilderten Bedingungen erfüllt sind (§ 13 Abs. 1 Satz 2 ErbStG).

334 **3. Erwerb nach § 1969 BGB (§ 13 Abs. 1 Nr. 4 ErbStG).** Der auch in der Paragraphenüberschrift des § 1969 BGB so genannte Dreißigster bestimmt, dass der Erbe verpflichtet ist, Familienangehörigen des Erblassers, die zur Zeit des Todes zu dessen Hausstand gehört haben und von ihm Unterhalt bezogen haben, in den ersten 30 Tagen nach dem Erbfall Unterhalt zu gewähren und die Benutzung der Wohnung und der Haushaltsgegenstände zu gestatten, sofern der Erblasser keine andere Verfügung getroffen hat.

335 Die Verpflichtung wird für den Erben wie ein Vermächtnis behandelt. Für den Berechtigten ist sie steuerfrei. Die betragsmäßige Auswirkung der Regelung ist eher gering.

336 **4. Verschonungsabschlag für „Familienheime" (§ 13 Abs. 1 Nr. 4a–4c ErbStG). – a) Schenkung an den Ehegatten (§ 13 Abs. 1 Nr. 4a ErbStG).** Zuwendungen unter Lebenden (Schenkungen) von:

- Ein- und Zweifamilienhäuser (§ 181 Abs. 1 Nr. 1 BewG),
- Mietwohngrundstücken (§ 181 Abs. 1 Nr. 2 BewG),
- Wohnungs- und Teileigentum (§ 181 Abs. 1 Nr. 3 BewG),
- Geschäftsgrundstücken (§ 181 Abs. 1 Nr. 4 BewG) und
- gemischt genutzten Grundstücken (§ 181 Abs. 1 Nr. 5 BewG)

sind von der Erbschaftsteuer freigestellt, soweit in diesen Grundstücken eine zu eigenen Wohnzwecken genutzte Wohnung vorhanden ist, begrenzt auf den (anteiligen) Wert dieser Wohnung. Voraussetzung für die Steuerbefreiung ist, dass in dieser Wohnung der „Mittelpunkt des familiären Lebens" ist. Der Gesetzgeber bezeichnet diese Wohnung in einem Klammerzusatz als „Familienheim". Zweitwohnungen, Wochenendwohnungen oder Ferienwohnungen können nicht steuerfrei übertragen werden.

337 **Beispiel:**
In einem Mehrfamilienhaus mit einem nach erbschaftsteuerlichen Richtlinien ermittelten gemeinen Wert von 1.500.000 € und einer Gesamtwohnfläche von 500 m^2 wird eine Wohnung von 100 m^2 vom Eigentümer und seiner Ehefrau zu eigenen Wohnzwecken genutzt. Die übrigen Wohnungen sind fremd vermietet. Der Ehemann ist alleiniger Eigentümer des Hauses. Er schenkt das gesamte Anwesen seiner Ehefrau. Es ergibt sich daraus folgende Schenkungsteuer:

Wert des Grundstücks	1.500.000 €
Freibetrag (§ 13 Abs. 1 Nr. 4a ErbStG)	
1/5	300.000 €
Freibetrag (§ 13c Abs. 1 ErbStG)	120.000 €
Erwerb	1.080.000 €
Freibetrag (§ 16 Abs. 1 Nr. 1 ErbStG)	500.000 €
Steuerpflichtiger Erwerb	580.000 €
Schenkungsteuer (StKl. I)	
11 %	63.800 €

Das Gesetz sieht nicht vor, dass die begünstigte Nutzung zu eigenen Wohnzwecken nach der Zuwendung für eine bestimmte Mindestzeit aufrecht erhalten werden muss. Es kommt allein auf die Nutzungsverhältnisse zum Zeitpunkt der Zuwendung an. Die Steuerbefreiung bleibt auch dann erhalten, wenn das Objekt später veräußert oder anderweitig genutzt wird. Eine Beschränkung hinsichtlich der Größe der Wohnung sieht das Gesetz ebenfalls nicht vor, auch nicht einen Objektverbrauch.

338 **Beispiel:** (in Anlehnung an Schumann DStR 5 2009 197 [198])
Im Jahr 2009 schenkt der Ehemann E seiner Ehefrau F die in seinem Alleineigentum stehende gemeinsam bewohnte Eigentumswohnung. Im Jahr 2011 ziehen sie gemeinsam in eine andere Wohnung um, die E auch alleine erworben hat. Im Jahr 2012 schenkt er diese Wohnung ebenfalls seiner Ehefrau S. Beide Schenkungen sind steuerfrei.

339 Ebenso freigestellt werden vergleichbare Vorgänge wie
- die Freistellung von eingegangenen Verpflichtungen (z. B. durch eine Finanzierung des Wohnungserwerbs) oder
- nachträgliche Herstellungskosten oder übernommener Erhaltungsaufwand.

Die Steuerbefreiung gilt auch für Zuwendungen zwischen Lebenspartnern (§ 13 Abs. 1 Nr. 4a Satz 3 ErbStG).

340 **b) Vererbung an den Ehegatten (§ 13 Abs. 1 Nr. 4b ErbStG).** Wie bei der Schenkung ist auch der Erwerb als Erbe oder als Vermächtnisnehmer durch den Ehegatten frei unter der Bedingung, dass es sich um ein Familienheim handelt. Dies gilt auch, wenn der Erblasser die Wohnung im Zeitpunkt der Übertragung nicht mehr selbst nutzen konnte, weil er z. B. in einem Pflegeheim untergebracht werden musste. Dieser Grund oder andere Gründe, die der Gesetzgeber als zwingend ansieht, sind für die steuerfreie Übertragung nicht schädlich.

Eine zusätzliche Voraussetzung ist, dass der überlebende Ehegatte die Wohnung „unverzüglich", d. h. ohne schuldhaftes Zögern (§ 121 BGB) „zur Selbstnutzung bestimmt". Der Ehegatte muss den Entschluss sofort nach dem Todestag fassen und auch unverzüglich umsetzen. Hat der Ehegatte zum Zeitpunkt des Todes selbst in der Wohnung gewohnt, ist diese Voraussetzung erfüllt, anderenfalls sind entsprechende Beweismittel zu erbringen. **341**

Anders als bei einer Schenkung verlangt der Gesetzgeber aber, dass der überlebende Ehegatte die Wohnung mindestens zehn Jahre nach dem Erwerb zu eigenen Wohnzwecken selbst nutzt. Eine Vermietung, Veräußerung oder ein längerer Leerstand lässt die Steuerbefreiung rückwirkend im Ganzen entfallen und führt zu einer Korrektur des Erbschaftsteuerbescheides als „rückwirkendes Ereignis" nach § 175 AO. Ist der Erwerber allerdings aus zwingenden Gründen (Tod, Pflegebedürftigkeit, Krankheit) an der Selbstnutzung gehindert, ist dies nicht schädlich. **342**

Eine Begründung dafür, warum der Gesetzgeber im Falle eines Erwerbs von Todes wegen wesentlich höhere Voraussetzungen an die Selbstnutzung stellt, ist den Erläuterungen zum Gesetz nicht zu entnehmen. **343**
Auch diese Vorschrift gilt für Lebenspartner.

c) Vererbung an Kinder und Enkel (§ 13 Abs. 1 Nr. 4c ErbStG). Auch Kinder und Enkel von verstorbenen Kindern können Grundbesitz i. S. von § 181 Abs. 1 Nr. 1–5 BewG ein „Familienheim" steuerfrei erben oder als Vermächtnis erhalten. Für die Wohnung und die Behaltensfrist gelten die vorstehend aufgezeigten Voraussetzungen. Steuerfrei übertragen werden können allerdings nur Wohnungen, soweit die Wohnfläche nicht 200 m^2 übersteigt. Die Wohnflächenbegrenzung gilt für die überlassene Wohnfläche im Ganzen, wie folgendes Beispiel zeigt: **344**

345

Beispiel: (in Anlehnung an Schumann DStR 2009, 197 [200])
Erblasser E bewohnt ein 300 m^2 großes Einfamilienhaus im Wert von 900.000 € mit seiner Ehefrau F und dem gemeinsamen Sohn S. Erben sind F und S zu je ½. Beide nutzen die Wohnung nach dem Tod zu eigenen Wohnzwecken.

Erwerb von F:	
Wert des Erbes	450.000 €
Begünstigt nach § 13 Abs. 1 Nr. 4b ErbStG	450.000 €
Steuerlicher Erwerb	0 €

Erwerb von S:	
Wert des Erbes	450.000 €
Begünstigt nach § 13 Abs. 1 Nr. 4c ErbStG	
100 m² (1/3)	300.000 €
Steuerlicher Erwerb	150.000 €

Auch soll die Begünstigung des § 13c Abs. 1 Nr. 4c Satz 2 ErbStG dem zugute kommen, der das Familienheim im Rahmen einer letztwilligen Verfügung tatsächlich erhält.

346 **Beispiel:** (in Anlehnung an Schumann DStR 2009, 197 [200])
Erblasser E hat zwei leibliche Kinder S und T. Er hinterlässt sein Familienheim (200 m²) im Wert von 500.000 € und Barvermögen in Höhe von 700.000 €. Er setzt S zum Alleinerben ein und vermacht T das Familienheim und 100.000 €. Beide Kinder sind älter als 27 Jahre.

Erwerb von S:	
Wert des Nachlasses	1.200.000 €
S kann die Steuerbefreiung wegen § 13 Abs. 1 Nr. 4c Satz 2 ErbStG nicht in Anspruch nehmen.	
Vermächtnis von T	600.000 €
Erwerb	600.000 €
Freibetrag (§ 16 Abs. 2 Nr. 2 ErbStG)	400.000 €
Steuerpflichtiger Erwerb	200.000 €
Steuer nach StKl. I mit 19 %	22.000 €

Erwerb von T:	
Wert Vermächtnis	600.000 €
Freibetrag § 13 Abs. 1 Nr. 4c ErbStG	500.000 €
Erwerb	100.000 €
Freibetrag	100.000 €
Steuerpflichtiger Erwerb	0 €

(Es verbleibt immer noch ein Freibetrag von 300.000 €. Allerdings hat T die Behaltensfrist von 10 Jahren zubeachten.)

347 **5. Schuldbefreiung aus Gründen des Unterhalts, der Ausbildung oder zu Sanierungszwecken (§ 13 Abs. 1 Nr. 5 ErbStG).** Jede Schuldbefreiung unterliegt der Erbschaft-/Schenkungsteuer, unabhängig davon, ob sie von Todes wegen oder

freigebig verfügt wird. Die Befreiung führt zu einer Bereicherung des Schuldners. Sie ist steuerfrei, wenn sie entweder zum Zwecke der Ausbildung des Schuldners entstand oder der Befriedigung eines angemessenen Unterhalts diente oder wegen einer Notlage des Schuldners erlassen wurde. Dies gilt auch, wenn die Schuld zum Zwecke der Sanierung erlassen wurde (FG Rheinland-Pfalz Urt. v. 15.9.2005 – 4 K 2436/02 – EFG 2005, 1890).
Wenn der Bedachte neben dem Erlass noch zusätzlich Zuwendungen erhält, dann ist der Erlass nur steuerbefreit, soweit die Steuer aus der Hälfte der Zuwendung gezahlt werden könnte (§ 13 Abs. 1 Nr. 5 Satz 2 ErbStG).

348 **6. Zuwendungen von Kindern an erwerbsunfähige Eltern und Voreltern (§ 13 Abs. 1 Nr. 6 ErbStG).** Eltern, Adoptiveltern und Stiefeltern sowie Großeltern können von ihren Kindern/Enkeln Vermögen von Todes wegen oder durch Schenkung steuerfrei erhalten. Die Zuwendung darf zusammen mit dem übrigen Vermögen eine Freigrenze von 41.000 € nicht übersteigen, der Erwerber selbst muss krankheitshalber erwerbsunfähig sein. Übersteigt der Wert zusammen mit dem übrigen Vermögen die Grenze, wird die Steuer nur insoweit festgesetzt, als sie aus der Hälfte des übersteigenden Betrages gedeckt werden kann.

349 **7. Pflegeleistungen (§ 13 Abs. 1 Nr. 9 und 9a ErbStG).** Die Steuerbefreiung für Pflegeleistungen betrifft Erwerbe von Todes wegen und Schenkungen unter Lebenden. Befreit sind Übertragungen an Personen für Pflegeleistungen, die unentgeltlich oder gegen unzureichendes Entgelt erbracht wurden, soweit die Zuwendung als angemessenes Entgelt anzusehen ist. Für Erwerbe von Todes wegen gilt die Befreiung bis zu 20.000 €, für Geldschenkungen bis zur Höhe der gesetzlichen oder privaten Pflegeversicherung. Dies gilt auch für eine Weiterleitung des erhaltenen Pflegegeldes dieser Versicherungen.

350 **8. Rückfallklausel (§ 13 Abs. 1 Nr. 10 ErbStG).** Wird ein Schenker später Erbe des Bedachten, sind zwei prinzipiell steuerbare Erwerbsvorgänge geschehen. § 13 Abs. 1 Nr. 10 ErbStG stellt den Rückerwerb von der Erbschaftsteuer frei. Voraussetzung ist:
- Identität des früher geschenktem mit dem später zurückerhaltenen Vermögensgegenstand,
- Identität von Schenker und Erbe, d. h. sowohl Schenker als auch Erbe müssen alleinige Eigentümer des Nachlassgegenstandes sein und werden.

Eine analoge Anwendung der Steuerbefreiung auf Rückschenkungen lehnt der BFH und die Finanzverwaltung ab (so im Urt. v. 16.4.1986 – IV R 135/83 –, BStBl II 1986, 622; Beschl. v. 16.7.1997 – II B 99/96 –, BStBl II 1997, 625; R 1 Satz 3, R 45 Abs. 1 Satz 2 ErbStR).

351 **9. Pflichtteilsverzicht (§ 13 Abs. 1 Nr. 11 ErbStG).** Der Pflichtteil entsteht mit dem Erbfall. Ein Verzicht kann erfolgen

- **vor dem Erbfall**; dann ist er nur ein Verzicht auf eine Erwerbschance und damit nicht steuerbar, § 13 Abs. 1 Nr. 11 ErbStG ist nicht einschlägig;
- **nach dem Erbfall**; dann werden die Erben durch den Verzicht bereichert, § 13 Abs. 1 Nr. 11 ErbStG stellt dann klar, dass durch den Verzicht keine Steuerpflicht der befreiten Erben im Verhältnis zum Pflichtteilsberechtigten entsteht;
- **nach Geltendmachung** des Pflichtteils und einem meist gegen Entgelt darauf folgenden Verzicht; dann ist § 13 Abs. 1 Nr. 11 ErbStG nicht einschlägig, der Verzicht ist dann eine schenkungsteuerliche Bereicherung der Erben.

352 **10. Gelegenheitsgeschenke (§ 13 Abs. 1 Nr. 14 ErbStG).** Die Befreiungsvorschrift des § 13 Abs. 1 Nr. 14 stellt übliche Gelegenheitsgeschenke von der Steuer frei. Ein übliches Gelegenheitsgeschenk ist eine Zuwendung, die sowohl vom Anlass (Geburtstag, Weihnachten, Hochzeit) als auch nach ihrer Art und ihrem Wert in überwiegenden Kreisen der Bevölkerung verbreitet ist. Die Üblichkeit ist hierbei aus den Lebensgewohnheiten der jeweiligen Bevölkerungsschichten abzuleiten, die allerdings einem ständigem Wandel unterliegen (Hessisches FG Urt. v. 24.2.2005 – 1 K 3480/03 – EFG 2005, 146 ; das Gericht hatte eine Geldschenkung von 80.000 € und die Schenkung eines PKW vom 73.000 € als nicht mehr übliches Gelegenheitsgeschenk angenommen).

VIII. Freibetrag für Unternehmensvermögen (§§ 13a, 13b ErbStG)

353 **1. System der Begünstigung und Begründung des Gesetzgebers.** Im Beschluss des BVerfG vom 7.11.2006 hat das Gericht dem Gesetzgeber aufgegeben, bei der Ermittlung der erbschaftsteuerlichen Bemessungsgrundlage den durch Erbfall oder Schenkung anfallenden Vermögenszuwachs einheitlich für alle Vermögensarten am gemeinen Wert auszurichten (Leitsatz 2 a) des BVerfG B. v. 7.11.2006 – 1 BvL 10/02 – BStBl. 2007 II, 192). Entsprechend dieser Vorgabe ist für die Bewertung des Unternehmensvermögens der gemeine Wert (§§ 9, 11 Abs. 2 BewG) als Maß vorgegeben.

354 Das BVerfG hat aber dem Gesetzgeber auch die Möglichkeit eingeräumt, bei der Bestimmung der Steuerbelastung auf den gemeinen Wert aufzubauen und *„Lenkungszwecke, etwa in Form zielgenauer und normenklarer steuerlicher Verschonungsregelungen, auszugestalten“* (Leitsatz 2 b) und Rn. 111 des B. v. 7.11.2006 – 1 BvL 10/02 –). Von dieser Möglichkeit macht der Gesetzgeber in §§ 13a und 13b ErbStG Gebrauch.

355 Systematisch wird die Begünstigung durch zwei Maßnahmen erreicht:

- durch eine Befreiung des unternehmerisch gebunden Produktivvermögens in Höhe von 85 % des Wertes und durch einen
- niedrigeren Steuersatz für den Erwerb der Personen der Steuerklassen II und III.

356 Die Begünstigung ist gekoppelt an eine Behaltensfrist, an die Einhaltung einer Mindestlohnsumme und einer Begrenzung der Entnahmen. Im Falle eines Verstoßes erfolgt eine Nachversteuerung.

357 Ein Überblick über die Verschonungsgregelungen gibt nachfolgende Tabelle.

Tab. 10: Verschonungsabschlag für Betriebsvermögen (entnommen Lüdicke/Fürwentsches DB 2009, 12 [13] angepasst an die Änderungen durch das Wachstumsbeschleunigungsgesetz)

<table>
<tr><th></th><th>Grundmodell</th><th>Optionsmodell</th></tr>
<tr><td>Vorschrift</td><td>§ 13a Abs. 1, § 13b ErbStG</td><td>§ 13a Abs. 1, 8, § 13b ErbStG</td></tr>
<tr><td>Begünstigung</td><td>Abschlag 85 %</td><td>Abschlag 100 %</td></tr>
<tr><td>Verwaltungsvermögen (§ 13b Abs. 2 Satz 1 ErbStG)</td><td>max. 50 %</td><td>max. 10 %</td></tr>
<tr><td rowspan="2">Behaltensfrist/Lohnsummenfrist (§ 13a Abs. 1 Satz 2 und Abs. 5 ErbStG)</td><td>5 Jahre</td><td>7 Jahre</td></tr>
<tr><td colspan="2">anteiliger Wegfall der Begünstigung bei Verstoß während der Frist</td></tr>
<tr><td>Überentnahmen und Ausschüttungen (§ 13a Abs. 5 Satz 1 Nr. 3 ErbStG)</td><td colspan="2">Wegfall wenn Summe aus Gewinnen und Entnahmen am Ende der Behaltensfrist mehr als 150.000 €</td></tr>
<tr><td>Lohnsumme (bei mehr als 10 Beschäftigten) (§ 13a Abs. 1 Satz 2 ErbStG)</td><td>insgesamt 400 % im Zeitraum der Behaltensfrist</td><td>insgesamt 700 % im Zeitraum der Behaltensfrist</td></tr>
</table>

358 **2. Begünstigte Erwerbe.** Begünstigt sind alle Erwerbe von Todes wegen und von Schenkungen unter Lebenden. Dies ergibt sich aus § 13a Abs. 3 ErbStG, in dem der „Erblasser“ und der „Schenker“ genannt werden. Die Begünstigungen gelten nach § 13a Abs. 9 ErbStG auch bei der Erbersatzsteuer für Familienstiftungen (§ 1 Abs. 1 Nr. 4 ErbStG).

359 **3. Begünstigungsfähiges Vermögen.** Für die Erlangung des „Verschonungsabschlags" muss es sich zunächst dem Grunde nach um begünstigtes Betriebsvermögen handeln. Das begünstigungsfähige Vermögen wird in § 13b ErbStG abschließend aufgezählt:

- **inländisches Betriebsvermögen** von Einzelunternehmen, Freiberuflern und gewerblichen wie freiberuflichen Personengesellschaften und ausländisches Betriebsvermögen, das zu einer Betriebsstätte in der EU oder dem EWR gehört (§ 13b Abs. 1 Nr. 1 ErbStG),
- **Anteile an inländischen Kapitalgesellschaften** und solchen in der EU/EWR, an denen der Erblasser bzw. Schenker zu mehr als 25 % beteiligt war. Die Höhe der übertragenen Beteiligung ist bei dieser Qualifizierung ohne Bedeutung. Bei einer Beteiligung unter 25 % kann die Begünstigung trotzdem durch eine Poolung der Anteile erreicht werden, wenn durch eine vertragliche Verpflichtung eine einheitliche Verfügung und eine einheitliche Stimmrechtsausübung gewährleistet worden war (§ 13b Abs. 1 Nr. 2 ErbStG).

360 Der Gesetzgeber begründet die Einschränkung der Begünstigung auf eine Mindestbeteiligungen mit der Absicht, nur unternehmerischen Anteilsbesitz zur Begünstigung zuzulassen. Eine Beteiligungsgrenze von 25 % ist seiner Meinung nach ein Indiz dafür, dass der Gesellschafter unternehmerisch in die Gesellschaft eingebunden ist und nicht nur als Kapitalgeber auftritt. Bei Einbeziehung von Streubesitzbeteiligungen würde auch der Aufwand für die Feststellungen, inwieweit das Vermögen der Gesellschaft zum begünstigten Vermögen gehört, überproportional steigen. Eine einheitliche Stimmrechtsausübung dagegen bedeutet, dass die Einflussnahme einzelner Anteilseigner hinter dem gemeinsamen, unternehmerischen Zwecken zurücktritt.

361 Nach dem Wortlaut des Gesetzes bedarf es einer „unmittelbaren" Beteiligung. Dabei werden eigene Anteile der Gesellschaft bei der Ermittlung der Mindestquote nicht, auch nicht indirekt, berücksichtigt. Auch anteilig in einem Gesamthandsvermögen enthaltene Anteile werden nicht berücksichtigt.

362 Die im Pool zusammengefassten Anteile dürfen nur zusammengefasst übertragen werden, oder der Erwerber muss zusammen mit der Übertragung der Poolvereinbarung beitreten. Dies bedarf der Zustimmung der anderen Poolmitglieder. Durch die vertragliche Regelung muss sichergestellt bleiben, dass der Erwerber mit dem Erwerb der Poolvereinbarung beitritt. Das muss gelten sowohl für Schenkungen als auch im Erbfall. Diese Verpflichtung muss als Verpflichtung für die Übertragung der Gesellschaftsanteile zu Lebzeiten in notarieller Form vorgenommen werden. Für den Erbfall kann nur eine gesellschaftsrechtliche Klausel für die Übertragung den Beitritt sichern.

363

Beispiel:
A und B sind Gesellschafter der XY-GmbH. A besitzt zwei Gesellschaftsanteile, einen Anteil von 20 % und einen Anteil von 15 %. B besitzt einen Gesellschaftsanteil von 15 %. Der Anteil des B und der 20 %-Anteil des A sind in einem erbschaftsteuerlichen Poolvertrag verbunden. A möchte seine Anteile an seinen Sohn S und seine Tochter T verschenken.

Weil A nach dem Wortlaut des § 13b Abs. 1 Nr. 3 Satz 2 mehr als 25 % der Anteile besitzt, kann er seine Anteile begünstigt verschenken. Dies würde sogar gelten, wenn die Erwerber nicht der Poolvereinbarung beitreten. Allerdings würde er dann u. U., wenn B die Anteile begünstigt erworben hat, diese Begünstigung innerhalb der Behaltensfrist gefährden.

B könnte seinen Anteil nur begünstigt übertragen, wenn der Erwerber dem Poolvertrag mit A beitritt.

364 Die Behaltensfrist von fünf bzw. sieben Jahren ist verletzt wenn die Verfügungsbeschränkung aufgehoben wird (§ 13a Abs. 5 Nr. 5 Alt. 1 ErbStG).

365 Eine weitere Voraussetzung für die Begünstigung ist, dass die durch eine Poolvereinbarung beschränkten Gesellschafter die Stimmrechte nur einheitlich ausüben oder ausüben können. Da die Begünstigung am Anteilsbesitz des Übertragenden Gesellschafters anknüpft, kann es vorkommen, dass ein Erwerber eigene Anteile besitzt und durch Poolvereinbarung gebundene Anteile. Eine uneinheitliche Stimmabgabe mit den eigenen Gesellschaftsanteilen und den erworbenen stimmrechtsbeschränkten ist nach h. M. sowohl nach AktG als auch nach GmbHG zugelassen. Allerdings ist in Gesellschaftsverträgen oftmals festgelegt, dass der Inhaber mehrerer Anteile die Stimmen einheitlich abgeben muss.

366 Beim Abschluss einer Poolvereinbarung zur einheitlichen Stimmabgabe handelt es sich regelmäßig um eine BGB-Innengesellschaft. Die Gesellschaftsanteile dürfen nicht in eine Gesamthandsgesellschaft eingebracht werden, da sie dann keine unmittelbare Beteiligungen mehr darstellen. Der Poolvertrag sollte aus Beweisgründen gegenüber den Finanzbehörden schriftlich abgefasst sein. Die in § 13a Abs. 5 Nr. 5 ErbStG enthaltene Behaltensfrist von sieben bzw. zehn Jahren ist verletzt, wenn innerhalb der Frist die Stimmrechtsbündelung aufgehoben wird. Die Kündigung des Gesellschaftsvertrags durch ein Gesellschafter des Pools führt zur Auflösung der Gesellschaft und zur Abwicklung der Gesellschaft. Gleiches gilt für den Tod eines Gesellschafters. Für diese Fälle muss der Gesellschaftsvertrag das Ausscheiden des Gesellschafters und das Weiterbestehen der Poolvereinbarung innerhalb der Behaltensfrist sichern. Eine Möglichkeit wäre, die Kündigung nicht vor Ablauf der erbschaftsteuerlichen Behaltensfrist zu ermöglichen. Es steht zu befürchten, dass letztlich erst die Finanzgerichte eine Klärung herbeiführen können.

367 **4. Verwaltungsvermögen (§ 13b Abs. 2 ErbStG).** Wurde begünstigtes Vermögen erworben, muss danach geprüft werden, ob das Vermögen im Grundmodell zu mehr als 50 %, im Optionsmodell zu mehr als 10 % aus sog. Verwaltungsvermögen besteht. In diesem Fall ist das (grundsätzlich begünstigungsfähige) Vermögen in vollem Umfang nicht begünstigt. Das schädliche Verwaltungsvermögen ist in § 13b Abs. 2 Satz 2 ErbStG abschließend aufgezählt. Es handelt sich dabei um:

- Dritten zur Nutzung überlassene Grundstücke (§ 13b Abs. 2 Satz 2 Nr. 1 ErbStG) mit Ausnahme von Sonderbetriebsvermögen und Betriebsaufspaltung,
- Minderheitsanteile an Kapitalgesellschaften bis 25 % (§ 13b Abs. 2 Satz 2 Nr. 2 ErbStG),
- Anteile an Gesellschaften mit überwiegendendem Verwaltungsvermögen (§ 13b Abs. 2 Satz 2, Nr. 3 ErbStG),
- Wertpapiere und vergleichbare Forderungen (§ 13b Abs. 2 Satz 2 Nr. 4 ErbStG),
- Kunstgegenstände, Kunstsammlungen, Edelmetalle und Edelsteine (§ 13b Abs. 2 Satz 2 Nr. 5 ErbStG).

368 **a) Dritten zur Nutzung überlassene Grundstücke.** Der Umfang des begünstigten Betriebsvermögens nach § 13a Abs. 1 ErbStG wird bestimmt durch ertragsteuerliche Abgrenzungskriterien. (Das ergibt sich aus der Verweisung der §§ 13b Abs. 1 Nr. 2, 13a Abs. 1 ErbStG i. V. mit § 95 Abs. 1 BewG und § 15 Abs. 1 und Abs. 2 EStG.) Betriebsvermögen ist demnach alles, was Teil eines Gewerbebetriebs oder der Ausübung einer freiberuflichen Tätigkeit dient (Analogieverweis § 96 BewG).

369 Das Gesetz bestimmt in § 13b Abs. 2 Nr. 1 ErbStG an Dritte überlassene Grundstücke, Grundstücksteile grundstücksgleiche Rechte (z. B. Erbbaurechte) und Bauten (auf fremden Grund und Boden) als nicht begünstigtes Verwaltungsvermögen. Ob die Überlassung entgeltlich teilentgeltlich oder unentgeltlich erfolgt, ist ohne Bedeutung.

b) Rückausnahmen. Wer als „Dritter" i. S. des Gesetzes anzusehen ist muss weit ausgelegt werden. Insbesondere kann Dritter auch sein, wer als Mitunternehmer Sonderbetriebsvermögen der Gesellschaft überlässt. Dies lässt sich im Umkehrschluss aus dem Katalog der Ausnahmen im Gesetz ableiten. Danach ist nach § 13b Abs. 2 Nr. 1 ErbStG eine Nutzungsüberlassung an Dritte in den nachfolgenden Fällen nicht anzunehmen: **370**

- **Betriebsaufspaltung (§ 13b Abs. 2 Satz 2 Nr. 1a) 1. Alt. ErbStG).** Der Erblasser konnte sowohl im überlassenen Betrieb als auch im nutzenden Betrieb allein oder zusammen mit anderen Gesellschaftern einen einheitlichen geschäftlichen Betätigungswillen durchsetzen. Zusätzliche Voraussetzung ist, dass diese Rechtsstellung auf den Erwerber übergangen ist. Das bisher nur von der Rechtsprechung anerkannte Institut der Betriebsaufspaltung wird dadurch gesetzlich zugelassen. **371**
- **Sonderbetriebsvermögen (§ 13b Abs. 2 Satz 2 Nr. 1 a) 2. Alt. ErbStG).** Als Mitunternehmer einer Gesellschaft i. S. des § 15 Abs. 1 Satz 1 Nr. 2 und Abs. 3 EStG oder § 18 Abs. 4 EStG wird Vermögen der Gesellschaft zur Nutzung überlassen und der Erwerber wird Mitunternehmer. **372**
- **Betriebsverpachtung (§ 13b Abs. 2 Satz 2 Nr. 1b) ErbStG).** Die Nutzungsüberlassung an Dritte ist unschädlich, wenn **373**
  - „die Nutzungsüberlassung im Rahmen der Verpachtung eines ganzen Betriebs erfolgt", und
  - der Verpächter die Einkünfte aus der Verpachtung als Einkünfte aus Land- und Forstwirtschaft, Einkünfte aus Gewerbebetrieb oder Einkünfte aus selbstständiger Arbeit versteuert, und
  - der Verpächter den Pächter im Zusammenhang mit einer unbefristeten Verpachtung als Erben eingesetzt hat oder die Verpachtung erfolgt ist, weil der Beschenkte den Betrieb noch nicht führen kann und die Verpachtung auf höchsten 10 Jahre befristet ist (§ 13b Abs. 2 Satz 2 Nr. 1 b) aa), § 13 Abs. 2 Satz 2 Nr. 1 b) bb) ErbStG).
- **Konzernzugehörigkeit (§ 13b Abs. 2 Satz 2 Nr. 1 c).** Die Nutzungsüberlassung ist ebenfalls unschädlich wenn sie innerhalb eines Konzerns erfolgt. Für den Begriff „Konzernzugehörigkeit verweist das ErbStG auf § 4h EStG. Nach § 4h Abs. 3 Satz 5 EStG gehört ein Betrieb zu einem Konzern, wenn er nach den für das Mutterunternehmen geltenden Aufstellungsvorschriften **374**

als Tochterunternehmen einbezogen wird oder einbezogen werden könnte. Das Vermieterunternehmen muss demnach Mehrheitsgesellschafter sein oder aus anderen Gründen das Mieterunternehmen beherrschen.

375
- **Wohnungsunternehmen (§ 13b Abs. 2 Satz 2 Nr. 1 d) ErbStG).** Der Wohnungsbestand von gewerblichen Personengesellschaften oder Kapitalgesellschaften deren Hauptzweck in der Vermietung von Wohnungen besteht und deren Umfang der Vermietung einen wirtschaftlichen Geschäftsbetrieb erfordert gilt ebenfalls nicht als Verwaltungsvermögen.
- **Land- und Forstwirtschaft (§ 13b Abs. 2 Satz 2 Nr. 1 e) ErbStG).** Grundstücke, die an Dritte zur land- und forstwirtschaftlichen Nutzung überlassen werden, sollen ebenfalls nicht als Verwaltungsvermögen gelten. Der Grund hierfür liegt in dem besonderen Bewertungsverfahren des land- und forstwirtschaftlichen Vermögens. Nach § 170 Abs. 7 BewG sind Stückländereien als eigene wirtschaftliche Einheit zu bewerten und grundsätzlich von der Begünstigung ausgeschlossen (§ 13b Abs. 1 ErbStG).

376 c) **Minderheitsanteile an Kapitalgesellschaften (§ 13b Abs. 2 Satz 2 Nr. 2 ErbStG).** Vom begünstigten Vermögen sind Anteile an Kapitalgesellschaften als Verwaltungsvermögen ausgenommen, wenn die unmittelbare Beteiligung am Nennkapital 25 % oder weniger beträgt. Es handelt sich dabei um grundsätzlich begünstigtes unternehmerisches Vermögen nach § 13b Abs. 1 EStG. Wenn zu diesem Betriebsvermögen Anteile an Kapitalgesellschaften gehören, sind diese Anteile nur begünstigtes Vermögen, wenn sie mehr als 25 % am Nennkapital ausmachen. Ob diese Grenze unterschritten wird, ist zu entscheiden nach der Summe der unmittelbar zuzurechnenden Anteile und (zusätzlich) weiterer Anteile, wenn die Gesellschaft und die anderen Anteilsinhaber untereinander verpflichtet sind, über die Anteile nur einheitlich zu verfügen oder sie ausschließlich auf andere der selben Verpflichtung unterliegende Anteilseigner zu übertragen. Hinzu kommt, dass das Stimmrecht gegenüber den nicht gebunden Gesellschaftern einheitlich ausgeübt wird. Im Gegensatz zur Formulierung in § 13b Abs. 1 Nr. 2 ErbStG ist eine vertragliche Verpflichtung nicht erforderlich, sondern nur die tatsächliche Handhabung.

377

Beispiel Tochtergesellschaft:
Die X-GmbH ist beteiligt an der A-GmbH mit 100 %. Daneben hält sie eine Beteiligung an der B-GmbH in Höhe von 20 %. Die A-GmbH hält ihrerseits eine 10 %-Beteiligung an der B-GmbH. Die Beteiligung an der B-GmbH ist kein Verwaltungsvermögen, weil die A- und die X-GmbH eine einheitliche Stimmabgabe auch ohne vertragliche Vereinbarung ausüben.

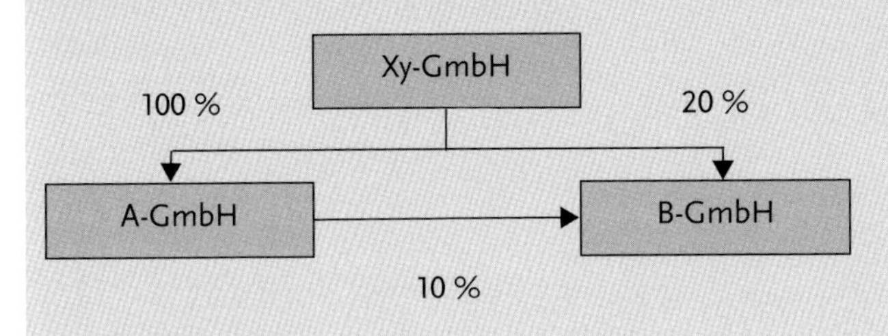

378

Beispiel Schwestergesellschaft:
A ist einziger Gesellschafter der A-GmbH und der B-GmbH. Sowohl die A- als auch die B-GmbH werden eine einheiltliche Stimmabgabe in der Gesellschafterversammlung der X-GmbH auch ohne eine vertragliche Vereinabrung ausüben.

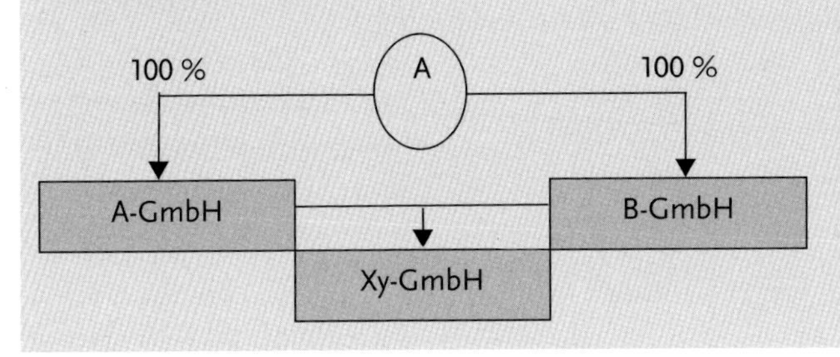

379

Die Voraussetzung muss zum Besteuerungszeitpunkt erfüllt sein. Eine nachträgliche Sanktionierung ist nicht vorgesehen.

380

d) Anteile an Gesellschaften mit überwiegendendem Verwaltungsvermögen (§ 13b Abs. 2 Nr. 3 ErbStG). Der Ausschluss der Begünstigung wegen überwiegendem Verwaltungsvermögen soll nicht dadurch umgangen werden, dass eine Minderheitsbeteiligung in eine andere Einheit eingebracht wird. Daher ordnet die Vorschrift an, dass Anteile an Personengesellschaften und Kapitalgesellschaften als Verwaltungsvermögen behandelt werden, wenn deren Betriebsvermögen mehr als 50 % beträgt.

381 **e) Wertpapiere und vergleichbare Forderungen (§ 13b Abs. 2 Nr. 4 ErbStG).** Weder das Gesetz noch die Erläuterungen des Gesetzentwurfs bestimmen, was unter „Wertpapieren“ oder unter „vergleichbaren Forderungen“ zu subsumieren ist. Die bisher erschienene Literatur ist unterschiedlicher Auffassung: Scholten/Korezkij (DStR 2009, 150 m. w. Nachweisen) schlagen für Wertpapiere eine Orientierung an den entsprechenden Posten „Finanzanlagen“ im HGB-Gliederungsschema (§ 266 Abs. 2 A. III Nr. 5 HGB) bzw. „Wertpapiere“ (§ 266 Abs. 2 B III HGB) vor. Für den Umfang der „vergleichbaren Forderungen“ sind sie der Auffassung, dass Kundenforderungen oder Forderungen aus konzerninternen Darlehen und Geldbestände nicht zu vergleichbaren Forderungen führen. Umstritten sind Darlehen an fremde Dritte (vgl. Piltz ZEV 2008, 229). Im Rahmen der Unternehmensbewertung werden nach § 200 Abs. 2 BewG bei der Ermittlung des vereinfachten Ertragswertverfahrens Wirtschaftsgüter des nicht betriebsnotwendigen Vermögens gesondert bewertet. Dabei wird davon ausgegangen, dass diese Wirtschaftsgüter aus dem Unternehmen herausgelöst werden können, ohne die eigentliche Unternehmenstätigkeit zu gefährden. Dies stellt auch einen Ansatz für eine Abgrenzung der Wertpapieren und vergleichbaren Forderungen dar.

382 **f) Kunstgegenstände, Kunstsammlungen, Edelmetalle und Edelsteine (§ 13b Abs. 2 Nr. 5 ErbStG).** Kunstgegenstände, Kunstsammlungen, wissenschaftliche Sammlungen, Bibliotheken und Archive sind bereits in § 13 Abs. 1 Nr. 2 ErbStG unter bestimmten Voraussetzungen steuerfrei gestellt. Deshalb wird man davon ausgehen können, dass das Verständnis der Begriffe übereinstimmt. Münzen, Edelmetalle und Edelsteine zählen ebenfalls zum Verwaltungsvermögen, wenn sie Teil einer wirtschaftlichen Einheit sind und der Handel mit diesen Wirtschaftsgütern nicht zum Hauptzweck des Unternehmens gehört.

383 **5. Durchführung des Verwaltungsvermögenstests.** Der Verwaltungsvermögenstest ist bei Einzelunternehmen, Personengesellschaften, und Kapitalgesellschaften durchzuführen. Der Test ist für jede übertragene Einheit als Ganzes vorzunehmen, unabhängig von der Höhe des jeweils erworbenen Anteils. Die Prüfung ist zum Besteuerungszeitpunkt durchzuführen.

384 Der Anteil des Verwaltungsvermögens wird nach dem Verhältnis der Summe der gemeinen Werte der einzelnen Wirtschaftsgüter des Verwaltungsvermögens zum gemeinen Wert des Betriebes ermittelt (§ 13b Abs. 2 Satz 4 ErbStG). Der gemeine Wert des Betriebes wird als Ertragswert ermittelt, und ist daher ein Nettowert unter Berücksichtigung der Finanzierung durch Eigen- oder Fremdkapital. Der Wert des Verwaltungsvermögens wird als Bruttowert ohne

Abzug von zur Finanzierung aufgenommener Verbindlichkeiten abgezogen. Dies kann in Extremfällen zu wesentlich anderen Bruchteilen als 50 % (bzw. 10 % führen).

385

Beispiel 1: (entnommen aus: Scholten/Korezkij, DStR 2009, 147 [148])
In einem Betrieb beträgt das Verwaltungsvermögen 300.000 €, die übrigen Aktiva 700.000 €. Der Betrieb hat ein Eigenkapital von 200.000 € und Fremdkapital von 800.000 €. Der Unternehmenswert beträgt wegen einer schlechten Ertragslage nur 250.000 €. Das Verwaltungsvermögen beträgt in diesem Fall 120 % des Unternehmenswerts (300.000/250.000).

386

Beispiel 2: (entnommen aus: Scholten/Korezkij, DStR 2009, 147 [148])
In einem Betrieb bestehen die Aktiva in Höhe von 1.000.000 € ausschließlich aus Verwaltungsvermögen. Wegen einer guten Ertragslage beträgt der Unternehmenswert 2.500.000 €. Das Verwaltungsvermögen beträgt damit nur 40 %. Das Grundmodell für begünstigtes Vermögen kann damit angewendet werden.

387

Ist Verwaltungsvermögen innerhalb von Betriebsvermögen vorhanden, dann ist das gesamte Vermögen von der Begünstigung ausgeschlossen, wenn der Wert des Verwaltungsvermögens mehr als 50 % des Wertes des Betriebsvermögens beträgt. Ist der Wert des Verwaltungsvermögens geringer, bleibt der Wert bei der Ermittlung des Verschonungsabschlages unberücksichtigt. Bei der Ermittlung des Anteils wird der Wert des Verwaltungsvermögens ins Verhältnis gesetzt zum Wert des Betriebes, jeweils nach erbschaftsteuerlichen Wertansätzen. Da der Wert des Betriebsvermögens sich nach seinem Ertragswert ergibt, bleiben dabei Verbindlichkeiten, die im Zusammenhang mit dem Verwaltungsvermögen aufgenommen wurden, außer Betracht. Dies kann zu sachwidrigen Ergebnissen führen (so auch Crezelius DStR 51-52 [2007] 2277 [2280]).

388

6. „Junges“ Vermögen. Wird der Verwaltungsvermögenstest bestanden, ist im nächsten Schritt zu prüfen, in welcher Höhe „junges“ Verwaltungsvermögen (i. S. des § 13b Abs. 2 Satz 3 ErbStG) vorliegt. Als „jung“ gilt das Verwaltungsvermögen, „welches dem Betrieb im Besteuerungszeitpunkt weniger als zwei Jahre zuzurechnen war“. Vermögensgegenstände, für die dies zutrifft, werden wertmäßig von der Begünstigung ausgenommen. Auch für diese Berechnung gilt der „Bruttowert“ ohne Berücksichtigung von aufgenommenen Fremdmitteln.

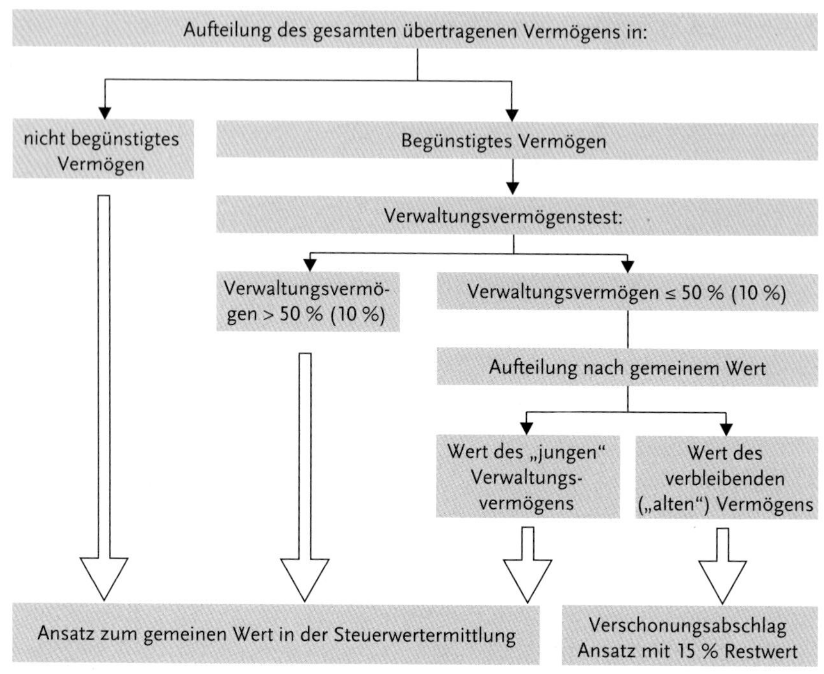

Abb. 11: Schema der Wertermittlung (in Anlehnung an Scholten/Koretzkij DStR 2009, 73 [74])

389 7. **Verschonungsabschlag.** Begünstigt sind 85 % des Wertes von Betriebsvermögen, land- und forstwirtschaftlichem Vermögen und Anteilen an Kapitalgesellschaften (§ 13b Abs. 4 ErbStG). Die Begünstigung wird von Gesetzes wegen gewährt. Ein Wahlrecht oder ein Verzicht sieht das Gesetz nicht vor.

390 8. **Abzugsbetrag (§ 13a Abs. 2 ErbStG).** Der Verschonungsabschlag beträgt im Grundmodell 85 % des begünstigten Vermögens, im Optionsmodell 100 %. Für das verbleibende begünstigte Vermögen (15 %) wird ein Freibetrag von 150.000 € gewährt. Dieser Betrag verringert sich um die Hälfte des übersteigenden Betrags, soweit verbleibendes begünstigtes Vermögen die Grenze von 150.000 € übersteigt. Bei einem Wert des verbleibenden begünstigten Vermögens über 450.000 € ist der Abzugsbetrag verbraucht.

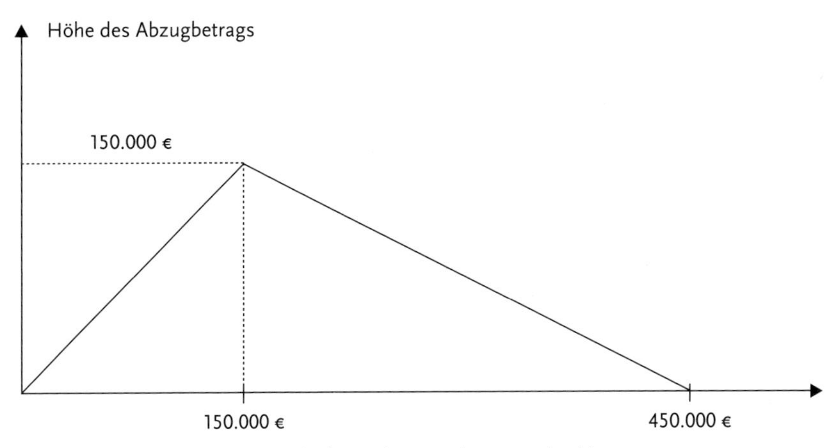

Abb. 12: Abzugsbetrag nach § 13a Abs. 2 ErbStG (in Anlehnung an: Scholten/Koretzkij DStR 2009, 73 [77])

391

Beispiel: (entnommen aus: Scholten/Koretzkij DStR 2009, 73 [77])

Wert des Betriebsvermögens	500.000 €	1.000.000 €	2.000.000 €	3.000.000 €
./. Verschonungsabschlag (85 %)	–425.000 €	–850.000 €	–1.700.000 €	–2.550.000 €
	75.000 €	150.000 €	300.000 €	450.000 €
Abzugsbetrag	– 75.000 €	–150.000 €	– 75.000 €	0 €
Steuerpflichtiges Vermögen	0 €	0 €	225.000 €	450.000 €

392

9. Nachlaufende Verpflichtungen. Um die Begünstigung zu erhalten zu können, müssen Behaltens- und Verhaltensregeln bezüglich des übernommenen Betriebsvermögens bzw. der übernommenen Kapitalanteile über einen bestimmten Zeitraum eingehalten werden. Bei einem Verstoß gegen diese Auflagen entfällt der Verschonungsabschlag rückwirkend, z. T. anteilsweise in Abhängigkeit von der Höhe der nicht eingehaltenen Auflagen, z. T. vollständig. Begründung des Gesetzgebers für die weitgehende Verschonung ist, „dass der Erwerber das Unternehmen fortführt."

393

a) Lohnsummenmodell (§ 13a Abs. 1 Satz 2 ErbStG). Ein geeigneter Indikator für die Unternehmensfortführung und insbesondere die Erhaltung der Arbeitsplätze in einem erworbenen Unternehmen ist die jeweilige Lohnsumme. Damit der Verschonungsabschlag in vollem Umfang erhalten bleibt, darf innerhalb der Referenzperiode von 5 Jahren insgesamt eine Mindestlohnsumme von 400 % der Ausgangslohnsumme nicht unterschritten werden. Dies entspricht einer durchschnittlichen Lohnsumme von 80 % der Ausgangslohnsumme. Ausgangslohnsumme ist die durchschnittliche Lohnsumme der letzten fünf abgeschlossenen Wirtschaftsjahre vor dem Zeitpunkt der Entstehung der Steuer.

394 **Beispiel:**
Ein Betrieb wird am 1.12.2009 übertragen. Der gemeine Wert des Betriebes beträgt 10.000.000 €. Die Lohnsummen betragen:

Jahr	Lohnsumme	Jahr	Lohnsumme
2004	750.000 €	2010	650.000 €
2005	700.000 €	2011	500.000 €
2006	770.000 €	2012	500.000 €
2007	770.000 €	2013	500.000 €
2008	760.000 €	2014	500.000 €
2009	750.000 €	2015	500.000 €

Die Ausgangslohnsumme (2004–2008) beträgt 750.000 €. Die Mindestlohnsumme beträgt 400 %, das sind 3.000.000 €. Die Summe der maßgebenden jährlichen Lohnsummen (2009–2013) beträgt 2.900.000 €. Die Mindestlohnsumme wird um 3,33 % unterschritten. Der Verschonungsabschlag wird um 3,33 % gekürzt.

395 Diese Regelung wird nur angewendet, wenn der Betrieb mindestens 20 Beschäftigte hat.

396 Definiert wird die Lohnsumme in § 13a Abs. 4 ErbStG. Nach der dort enthaltenen Beschreibung umfasst die Lohnsumme sämtliche Leistungen des Arbeitgebers, das sind alle regelmäßig und unregelmäßig gezahlten Vergütungen an die auf den Lohn- und Gehaltslisten stehenden Arbeitnehmer.

397 Die Lohnsummenprüfung erfolgt nach Ablauf von fünf Jahren nach der Übertragung. Bei Unterschreitung der Mindestlohnsumme vermindert sich der gewährte Verschonungsabschlag mit Wirkung für die Vergangenheit im gleichen prozentualen Umfang wie die Mindestlohnsumme unterschritten wurde.

b) Vermögensbindung (§ 13a Abs. 5 Satz 1 ErbStG). Um den Verschonungsabschlag von 85 % nicht zu verlieren, muss der Erbe bzw. der Beschenkte das Betriebsvermögen fünf Jahre behalten. Ein Verstoß gegen die Behaltensfrist liegt vor, bei **398**

- Verkauf des erhaltenen Betriebs, Teilbetriebs, oder der Beteiligung an der Personengesellschaft oder Kapitalgesellschaft,
- Insolvenz oder
- Liquidation.

Unschädlich ist die Umwandlung einer Personengesellschaft in eine Kapitalgesellschaft (Formwechsel). **399**

Im Fall des Verstoßes gegen die Behaltensfrist findet eine Nachversteuerung in dem Umfang statt, der sich aus dem Verhältnis der verbleibenden Behaltensfrist einschließlich des Jahres des Verstoßes zur gesamten Behaltensfrist ergibt. **400**

401

Beispiel: (in Anlehnung an: Lüdicke/Fürwendtsches DB 2009, 12 [14])
Wird im Grundmodell am Ende der Fünfjahresfrist eine Lohnsumme von 300 % erreicht, so berechnet sich der Verschonungsabschlag mit
300/400 x 85 % = 63,75 %

c) Entnahmebeschränkungen (§ 13a Abs. 5 Satz 1 Nr. 3 ErbStG). Der Verschonungsabschlag entfällt vollständig (Fallbeileffekt), wenn am Ende der Behaltensfrist die Entnahmen die Summe aus Gewinnen und Einlagen um mehr als 150.000 € übersteigen (Überentnahmen). Die Entnahmebeschränkung betrifft grundsätzlich jeden Erwerber eines Gewerbebetriebs, der als Mitunternehmer oder als persönlich haftender Gesellschafter Entnahmen tätigt. Ist das begünstigte Unternehmen steuerbegünstigt auf mehrere Erben übergegangen, steht jedem der Entnahmeüberschuss in voller Höhe zu (vgl. Kapp/Ebeling ErbStG § 13a Rn. 153; Troll/Gebel/Jülicher ErbStG § 13a Rn. 305). Das soll auch gelten, wenn der Grund der Überentnahme in der Zahlung von Erbschaftsteuer begründet ist (so R 65 Abs. 1 Satz 2 ErbStR 2003). Die Begriffe „Entnahme", „Einlage", „Gewinn" und „Verlust" sind nach ertragsteuerlichen Grundsätzen zu bestimmen (R 65 Abs. 1 Satz 4 ErbStR 2003). **402**

Dies gilt sinngemäß auch für Ausschüttungen bei Kapitalgesellschaften (§ 13a Abs. 5 Satz 1 Nr. 3 Satz 3 ErbStG). In diesem Zusammenhang sind daher neben offenen Ausschüttungen auch verdeckte Gewinnausschüttungen nach § 8 Abs. 3 Satz 2 KStG, die beim Gesellschafter zu Einkünften aus Kapitalvermögen führen, von Bedeutung. Die betrifft auch verdeckte Gewinnausschüttungen an eine dem Gesellschafter nahe stehenden Person. **403**

404 Damit wird es notwendig, während des gesamten Referenzzeitraums von 5 Jahren die Entnahmen zu überwachen und Ausschüttungen aus Gewinnrücklagen zu begrenzen. Ein anteiliger Wegfall des Verschonungsabschlages ist nicht vorgesehen.

405 **10. Optionsmodell (§ 13a Abs. 8 Nr. 4 ErbStG).** Die Begünstigung gilt für alle Erwerbe ohne Antragspflicht oder Wahlrecht. Im Gegensatz hierzu gewährt § 13a Abs. 8 ErbStG dem Erwerber ein Antragsrecht auf eine Verschonung von 100 % (anstelle von 85 % nach § 13b Abs. 4 ErbStG). Voraussetzung für die volle Verschonung ist:

- Das für die Begünstigung schädliche Verwaltungsvermögen i. S. des § 13b Abs. 2 Satz 1 ErbStG ist zum Zeitpunkt des Betriebsübergangs nicht höher als 10 %.
- Der Erwerber stellt einen unwiderruflichen Antrag für die Begünstigung. Der Antrag ist bis zur (formellen) Bestandskraft der Steuerfestsetzung abzugeben (Begründung des Finanzausschusses zu § 13a Abs. 8; a. A. Moench/Albrecht Erbschaftsteuer, Rn. 930).

406 Wählt der Betriebsnachfolger die vollständige Steuerfreiheit, muss er strengere Behaltens- und Verhaltensbestimmungen einhalten:

- Der Betriebsnachfolger muss den Betrieb für einen Zeitraum von sieben Jahren fortführen (§ 13a Abs. 8 Nr. 2 ErbStG).
- Im Gesamtzeitraum von sieben Jahren darf er eine Lohnsumme von 700 % der Ausgangslohnsumme nicht unterschreiten (§ 13 Abs. 8 Nr. 1 ErbStG).

407 Da der Antrag auf Anwendung unwiderruflich ist, muss die Entscheidung gut überlegt sein. Der Erwerber kann später, wenn z. B. die verschärften Auflagen nicht eingehalten werden können, nicht zum Grundmodell zurückkehren. Es ist zu bedenken, dass das Optionsmodell bei einem Verstoß schlechter ausfällt als das Grundmodell.

408 **11. Nachversteuerung.** Wenn die Behaltens- oder Verwaltungsregeln nicht eingehalten werden, erfolgt eine Nachversteuerung.
Bei einem Verstoß gegen die Behaltensregelungen durch Verkauf, oder bei Überführung ins Privatvermögen (§ 13a Abs. 5 ErbStG) entfällt der Verschonungsabschlag im Verhältnis der verbleibenden Behaltensfrist einschließlich des Jahres der Veräußerung zur gesamten Behaltensfrist.

409

Beispiel Grundmodell:

Wert des Betriebsvermögens	2.000.000 €
./. Verschonungsabschlag (85 %)	– 1.700.000 €
	300.000 €
Abzugsbetrag	– 75.000 €
Steuerpflichtiges Vermögen	225.000 €

Beispiel Veräußerung im Grundmodell:
Veräußert der Steuerpflichtige im gesetzlichen Regelfall seine geschenkte Beteiligung im Jahr 4, errechnet sich die Nachversteuerung mit 2/5 x 85 % = 34 %. (Der Verschonungsabschlag beträgt damit noch 72,1 %.)

Wegfall des Verschonungsabschlages	680.000 €
Steuerpflichtiges Vermögen	980.000 €
Abrundung (§ 10 Abs. 1 Satz 6 ErbStG)	– 0 €
Steuerpflichtiger Erwerb	980.000 €

Beispiel Veräußerung im Optionsmodell:
Veräußert der Steuerpflichtige im Optionsmodell seine geschenkte Beteiligung im Jahr 9, errechnet sich die Nachversteuerung mit 2/7 x 100 % = 28,57 %. (Der Verschonungsabschlag beträgt damit noch 71,43 %.)

Wegfall des Verschonungsabschlages	571.400 €
Wegfall des Abzugsbetrags	75.000 €
Steuerpflichtiger Erwerb	871.400 €

410

Der Erwerber ist verpflichtet, dem Finanzamt innerhalb eines Monats die Veräußerung anzuzeigen (§ 13a Abs. 6 Satz 2 ErbStG).
Bei einem Verstoß gegen die Mindestlohnsumme (§ 13a Abs. 1 ErbStG) entfällt der Verschonungsabschlag mit Wirkung für die Vergangenheit in dem prozentualen Verhältnis der Unterschreitung zur Mindestlohnsumme.

411

Beispiel Lohnsummenverstoß im Grundmodell:
Wird im gesetzlichen Regelfall am Ende der Fünfjahresfrist eine Lohnsumme von 300 % erreicht, so berechnet sich die Nachversteuerung mit 100/400 = 25 % (der Verschonungsabschlag beträgt damit noch 63,75 % anstatt 85 %).

Wegfall des Verschonungsabschlages	425.000 €
Wegfall des Abzugsbetrags	75.000 €
Steuerpflichtiges Vermögen	725.000 €
Abrundung (§ 10 Abs. 1 Satz 6 ErbStG)	– 0 €
Steuerpflichtiger Erwerb	725.000 €

Beispiel Lohnsummenverstoß im Optionsmodell:
Wird im Optionsmodell am Ende der Siebenjahresfrist eine Lohnsumme von 600 % erreicht, so berechnet sich die Nachversteuerung mit 100/700 = 14,29 % (der Verschonungsabschlag beträgt damit noch 85,71 % anstatt 100 %).

Wegfall des Verschonungsabschlages	242.930 €
Wegfall des Abzugsbetrags	75.000 €
Steuerpflichtiger Erwerb	317.930 €

412 12. **Überwachungsregeln.** Der Erwerber ist verpflichtet, innerhalb von sechs Monaten nach Ablauf der Lohnsummenfrist das Unterschreiten der Lohnsummengrenze anzuzeigen.

413 Bei einer Überschreitung der „Entnahmen" i. S. des § 13a Abs. 5 Nr. 3 ErbStG von 150.000 € im Begünstigungszeitraum entfällt der Verschonungsabschlag und der Abzugsbetrag vollständig. Der Erwerber ist verpflichtet, die Überschreitung innerhalb einer Frist von einem Monat dem Finanzamt anzuzeigen (§ 13a Abs. 6 Satz 2 ErbStG)

414 13. **Anteilige Berücksichtigung von Schulden (§ 10 Abs. 6 Sätze 4 und 5 ErbStG).** Im Falle einer Begünstigung von Betriebsvermögen, land- und forstwirtschaftlichen Vermögens und steuerbefreiten Anteilen an Kapitalgesellschaften (§ 13a ErbStG) sowie zu Wohnzwecken vermieteten Grundstücken (§ 13c ErbStG) sind Schulden nur im Verhältnis des steuerpflichtigen Vermögens abzugsfähig.

415 **Beispiel:**
Der Erblasser V hinterlässt eine 100 % Beteiligung an der V-GmbH mit einem gemeinen Wert von 1.000.000 €. Den Erwerb dieser Beteiligung hat er mit einem Darlehen erworben, dessen Wert zum Todestag noch 400.000 € beträgt. Alleiniger Erbe ist sein Sohn S.

Steuerwert (§ 12 Abs. 2 ErbStG):	1.000.000 €
Verschonungsabschlag 85 % (§ 13a, 13b ErbStG)	– 850.000 €
Bereicherung	150.000 €
Nachlassverbindlichkeiten (§ 10 Abs. 1 Satz 2, Abs. 6 ErbStG)	
150.000 €/1.000.000 € = 15 % von 400.000 €	– 60.000 €
Steuerpflichtiger Erwerb (§ 10 Abs. 1 ErbStG)	90.000 €

Wegen wirtschaftlicher Probleme muss der Erbe im dritten Jahr nach der Erbschaft Insolvenz anmelden. Dies ist ein Verstoß gegen die fünfjährige Behaltensfrist (§ 13a Abs. 5 Satz 1 Nr. 1 ErbStG) und führt rückwirkend zum anteiligen Wegfall des Verschonungsabschlags. Danach ergibt sich folgende Ermittlung:

Steuerwert (§ 12 Abs. 2 ErbStG):	1.000.000 €
Verschonungsabschlag 34 % (§§ 13a, 13b ErbStG)	– 340.000 €
Bereicherung	660.000 €
Nachlassverbindlichkeiten (§ 10 Abs. 1 Satz 2, Abs. 6 ErbStG)	
660.000 €/1.000.000 € = 66 % von 400.000 €	– 264.000 €
Steuerpflichtiger Erwerb (§ 10 Abs. 1 ErbStG)	396.000 €

IX. Verschonungsabschlag für zu Wohnzwecken genutzten Grundbesitz (§ 13c ErbStG)

416 Das BVerfG hat in seinem Beschluss vom 7.11.2006 Rn. 158 dem Gesetzgeber ermöglicht, den Erwerb von Grundvermögen durch Erbschaft oder Schenkung steuerlich zu begünstigen. Das BVerfG sieht in der Zurverfügungstellung ausreichenden Wohnraums einen überragenden Gemeinwohlbelang, da es sich dabei um ein existenzielles Grundbedürfnis handelt, das grundsätzlich geeignet sei, Verschonungsnormen zu rechtfertigen.

417 Diesen Hinweis hat der Gesetzgeber sehr bescheiden aufgegriffen und in § 13c ErbStG bestimmt, dass zu Wohnzwecken bestimmte bebaute Grundstücke und Grundstücksteile mit 90 % ihres Wertes anzusetzen sind.

418 Weitere Voraussetzungen für die Begünstigung sind:

- Das Grundstück muss im Inland oder einem Mitgliedstaat der EU oder des EWR belegen sein und
- es darf nicht zum begünstigten land- und forstwirtschaftlichen Betriebsvermögen gehören.

419 Schulden und Lasten des begünstigten Grundstücks sind nur mit dem Betrag abzugsfähig, der dem Verhältnis des nach § 13c ErbStG anzusetzenden Wertes vor Anwendung dieses Wertes entspricht (§ 10 Abs. 6 Satz 5 ErbStG).

420 Das Gesetz sieht auch einen **Begünstigungstransfer** vor. Muss ein Erwerber begünstigtes Vermögen aufgrund einer letztwilligen oder rechtsgeschäftlichen Verfügung des Erblassers oder Schenkers auf einen Dritten übertragen, sind diesem die Begünstigungen unmittelbar zu gewähren. Der zur Weitergabe verpflichtete ist nicht begünstigt. Dies gilt auch gemäß § 13c Abs. 2 Satz 3 ErbStG auch für den Erwerb im Rahmen einer Erbauseinandersetzung.
Eine Nachversteuerungsregelung fordert das Gesetz nicht.

X. Berücksichtigung früherer Erwerbe (§ 14 ErbStG)

421 Nach § 14 ErbStG werden mehrere Erwerbe von derselben Person innerhalb eines Zeitraums von 10 Jahren in der Weise zusammengerechnet, das dem letzten Erwerb die früheren Erwerben nach ihren früheren Werten zugerechnet werden und von der Steuer für den Gesamtbetrag die Steuer abgezogen wird, die für die früheren Erwerbe zur Zeit des letzten zu erheben gewesen wäre (§ 14 Abs. 1 Sätze 1 und 2 ErbStG).

422 **1. Zweck der Vorschrift.** Es soll verhindert werden, dass die persönlichen Freibeträge des § 16 ErbStG innerhalb von 10 Jahren mehrfach ausgenutzt werden können. Es soll damit auch verhindert werden, dass die progressiven Steuertarife nach § 19 ErbStG durch Zerlegung in mehrere Teilschenkungen vermindert werden.

423 Dabei gilt:

- Die Einzelerwerbe sind trotz der Zusammenrechnung selbstständige steuerpflichtige Vorgänge. Es können nur Fehler, die bei der Steuerberechnung der Vorerwerbe aufgetreten sind, bei der Ermittlung des Gesamterwerbs korrigiert werden.

- Die früheren Erwerbe bleiben mit ihren früheren steuerlichen Werten maßgebend.
- Die Steuer wird für den Gesamterwerb auf der Grundlage der geltenden Tarifvorschriften im Zeitpunkt des letzten Erwerbs berechnet.
- Von der Steuer aus dem Gesamtwert wird die Steuer abgezogen, welche für die früheren Erwerbe nach den persönlichen Verhältnissen und den Tarifvorschriften des letzten Erwerbs zu erheben gewesen wäre (fiktive Steuer).
- Anstelle der fiktiven Steuer ist die für den Vorerwerb tatsächlich zu entrichtenden Steuer abzuziehen, wenn diese höher ist.
- Vorerwerbe mit negativem Steuerwert werden für die Zusammenrechnung nicht berücksichtigt.
- Die sich für den letzten Erwerb ohne Zusammenrechnung mit früheren Erwerben ergebende Steuer darf durch den Abzug der früheren Steuer nicht unterschritten werden (Mindeststeuer § 14 Abs. 1 Satz 4 ErbStG).
- Zur Vermeidung einer Übermaßbesteuerung darf die durch jeden weiteren Erwerb veranlasste Steuer nicht mehr als 50 % dieses Erwerbs betragen (Höchstbetrag § 14 Abs. 3 ErbStG).

424 **2. 10-Jahres-Zeitraum.** Die Zusammenrechnung setzt voraus, dass derselbe Erwerber von demselben Zuwender (Erblasser oder Schenker) bereits vorher innerhalb des 10-Jahres-Zeitraums Vermögen unentgeltlich erhalten hat. Der Zehnjahreszeitraum wird dabei taggenau ermittelt. Nach Auffassung von Högl, in: Gürsching/Stenger ErbStG § 14 Rn. 25, die vorzugswürdig ist, ist die Frist rückwärts vom Tag der Entstehung des letzten Erwerbs zu berechnen (a. A. Kapp/Ebeling § 14 ErbStG Rn. 58).

425 **Beispiel:** (aus Högl, in: Gürsching/Stenger ErbStG § 14 Rn. 25)
Bei Tod des Erblassers am 27.4.2008 sind alle Vorschenkungen bis zum 28.4.1998 zu erfassen.

426 **3. Personenidentität.** Im Falle der **Nacherbfolge** hat der Nacherbe den Erwerb als vom Vorerben stammend zu versteuern (§ 6 Abs. 2 Satz 1 ErbStG). Der Erwerb kann daher nur mit früheren Erwerben vom Vorerben zusammengerechnet werden, nicht mit Zuwendungen des Erblasser an den Nacherben. Das gilt auch dann, wenn der Nacherbe beantragt, der Versteuerung das Verhältnis des Nacherben zum Erblasser zugrunde zu legen (§ 6 Abs. 2 Satz 2 ErbStG).

427 Bei einer **Weiterschenkungsklausel** erwirbt der Letzterwerber vom Schenker und nicht vom Zwischenerwerber, selbst wenn dieser den Gegenstand vorzeitig weitergibt. Der Erwerb kann nur mit Erwerben des Schenkers zusammengerechnet werden (Högl, in: Gürsching/Stenger ErbStG § 14 Rn. 22).

428 4. **Steuerbefreiungen.** Bei der Berücksichtigung von Steuerbefreiungen der Vorerwerben bei der Zusammenrechnung ist zwischen qualitativen und quantitativen Steuerbefreiungen zu unterscheiden.

429 a) **Qualitative Steuerbefreiungen.** Eine qualitative Steuerbefreiung liegt vor, wenn der Erwerb wegen seiner besonderen Art oder wegen seines besonderen Objekts unabhängig von dessen Wert steuerfrei bleibt. War die Steuerpflicht durch diese sog. qualitative Steuerbefreiung ausgeschlossen (z. B. §§ 13, 13a ErbStG), erfolgt keine Zusammenrechnung.

430 b) **Quantitative Steuerbefreiungen.** Erwerbe, die quantitativ steuerbefreit waren (z. B. wegen des persönlichen Freibetrags nach §§ 16, 17 ErbStG), werden zusammengerechnet. Soweit es sich um eine quantitative Steuerbefreiung handelt, fällt die Befreiung unter Berücksichtigung des Zwecks von § 14 ErbStG (s. Rn. 422) nachträglich weg, sobald andere Zuwendungen hinzukommen, durch die die vom Gesetz festgelegte Höhe überschritten wird (z. B. bei § 13 Abs. 1 Nr. 1 ErbStG).

431 c) **Verstoß gegen Verschonungsregeln.** Durch einen Verstoß gegen die Behaltens- und Verhaltensvoraussetzung der Verschonungsregeln und Abzugsregeln in den §§ 13a, 13b, 13c ErbStG kann es zu einer Änderung bei der Nachversteuerung durch ein rückwirkendes Ereignis kommen. Um für diese Änderung die Rechtswirkung des § 14 ErbStG nicht durch eingetretene Festsetzungsverjährung zu verlieren, bestimmt § 14 Abs. 2 Satz 1 ErbStG eine Ablaufhemmung bis zum Ende der Festsetzungsfrist des Änderungsbescheides.

432 5. **Durchführung der Zusammenrechnung.** Die Besteuerung des letzten Erwerbs erfolgt durch eine Zusammenrechnung mit allen in dem 10-Jahres-Zeitraum vorangegangenen Erwerben (das Gesetz nennt sie Vorerwerbe) zu einem Gesamtbetrag. Diese Zusammenrechnung erfolgt, gleichgültig, ob diese Vorerwerbe zu einer Steuerpflicht geführt haben, oder durch Freibeträge steuerfrei stattgefunden haben. Für diesen Gesamtbetrag wird die Steuer ermittelt. Dafür gelten die Tarifvorschriften zum Zeitpunkt des letzten Erwerbs nach den persönlichen Verhältnissen des Erwerbers (§ 14 Abs. 2 Satz 2 ErbStG).

433 Um eine Doppelbesteuerung zu vermeiden, wird eine fiktiv ermittelte Steuer für die Vorerwerber nach den geltenden, aktuellen Steuerberechnungen von der tatsächlichen Steuer für den gesamten Erbanfall der 10 Jahre abgezogen.

434

Die Berechnung erfolgt in 7 Schritten:

1. **Schritt:** Addition aller früheren (positiven nicht qualitativ steuerbefreiten) Erwerbe mit ihrem jeweiligen früheren (richtigen) Wert vor Abzug von Freibeträgen.
2. **Schritt:** Addition mit dem jetzigen (positiven) Wert des jetzigen Erwerbs.
3. **Schritt:** Ermittlung des steuerpflichtigen Erwerbs (§ 10 ErbStG) durch Anwendung des jetzigen Freibetrags auf die Summe der Erwerbe.
4. **Schritt:** Ermittlung des Steuersatzes für den steuerpflichtigen Wert und den Steuerbetrag.
5. **Schritt:** Vergleichsrechnung.
   a) Ermittlung des Abzugsbetrags (nach § 14 Abs. 1 Satz 2 ErbStG) durch Errechnung der fiktiven Steuer auf den/die Vorerwerbe (aus Schritt 1) mit den letzten Freibeträgen und nach dem aktuellen Steuersatz auf diesen Erwerb.
   b) Ermittlung des tatsächlichen Steuersatzes auf den Wert aus Schritt 1 (§ 14 Abs. 1 Satz 3 ErbStG).
6. **Schritt:** der höhere Wert aus Schritt 5 a) und 5 b) ist vom Steuerbetrag der Zusammenrechnung (Schritt 4) abzuziehen.
7. **Schritt:** Der ermittelte Steuerbetrag darf nicht kleiner sein als der Steuerbetrag aus der Zusammenrechnung (Schritt 4).

435

Beispiel: (entnommen aus Handzik, Die neue Erbschaft- und Schenkungsteuer nach der Erbschaftsteuerreform, 2008, Rn. 344)
Der Vater schenkt im Jahr 2000 seinem Sohn (über 27 Jahre alt) 600.000 € und im Jahr 2009 weitere 700.000 €.

1. Gesamterwerb:

Erwerb 2000	600.000 €
Erwerb 2009	700.000 €
	1.300.000 €
Freibetrag	400.000 €
Steuerpflichtiger Erwerb	900.000 €
Steuer (19 %)	171.000 €

2. Fiktive Steuer:

Erwerb 2000	600.000 €
Freibetrag	400.000 €
Steuerpflichtiger Erwerb	200.000 €
Steuer (11 %)	22.000 €

3. Tatsächliche Steuer:

Erwerb 2000	600.000 €
Freibetrag	205.000 €
Steuerpflichtiger Erwerb	395.000 €
Steuer (15 %)	59.250 €

4. Steuer nach Abzugsbetrag:

Errechnete Steuer	171.000 €
Abzugsbetrag	59.250 €
Errechnete Steuer	111.750 €

5. Steuer ohne Zusammenrechnung:

Erwerb 2009	700.000 €
Freibetrag	400.000 €
Steuerpflichtiger Erwerb	300.000 €
Steuer (11 %)	33.000 €

Die errechnete Steuer ist nicht kleiner als die Steuer nach der Zusammenrechnung. Es bleibt bei einer Steuerfestsetzung von 111.750 €.

XI. Steuerklassen (§ 15 ErbStG)

436 Das ErbStG stellt für die Berechnung auf das persönliche Verhältnis des Erwerbers zum Erblasser bzw. Schenker ab. Maßgeblicher Zeitpunkt ist der Zeitpunkt der Steuerentstehung (§ 9 ErbStG).

437 Die Erbschaftsteuer unterscheidet drei Steuerklassen. Die Einteilung erfolgt nach den formalen Kriterien der Verwandtschaft, wobei auch Stiefeltern und Stiefkinder sowie Schwiegerkinder und Schwiegereltern und der geschiedene Ehegatte begünstigt werden.

Tab. 11: Steuerklassen

Steuerklasse	Verwandtschaftsgrad
I	1. Ehegatte, 2. Kinder und Stiefkinder 3. Abkömmlinge der Kinder und Stiefkinder 4. Eltern und Großeltern bei Erwerben von Todes wegen
II	1. Eltern und Großeltern bei Schenkungen 2. Geschwister 3. die Kinder der Geschwister 4. Stiefeltern 5. Schwiegerkinder 6. Schwiegereltern 7. geschiedener Ehegatte
III	alle übrigen Bedachten

438 Die Unterschiede der Steuerklassen haben Bedeutung:

- für die Freibeträge des § 16 ErbStG,
- für den Steuertarif des § 19 ErbStG,
- für die sachlichen Steuerbefreiungen der §§ 13, 13c ErbStG,
- für den mehrfachen Erwerb des § 27 ErbStG.

→ Weiterführende Informationen: Besteuerung beim „Berliner Testament“ (§ 15 Abs. 3 ErbStG)

XII. Persönliche Freibeträge (§ 16 ErbStG)

439 Die persönlichen Freibeträge werden für beschränkte und unbeschränkte Steuerpflicht unterschiedlich geregelt. Für unbeschränkt steuerpflichtige Erwerbe gelten je nach Steuerklasse unterschiedliche Beträge (§ 16 Abs. 1 ErbStG). Sie werden in nachfolgender Tabelle dargestellt.

Tab. 12: Freibeträge

Steuerklasse	Verwandtschaftsgrad	Freibetrag
I	Ehegatte Kinder, Stiefkinder und Kinder verstorbener Kinder Enkel Eltern und Großeltern bei Erbschaften	500.000 € 400.000 € 200.000 € 100.000 €
II	Eltern und Großeltern bei Schenkungen Geschwister, Nichten und Neffen Stiefeltern, Schwiegereltern, -kinder und geschiedene Ehegatten	20.000 €
III	eingetragene Lebenspartner alle übrigen Bedachten	500.000 € 20.000 €

Für beschränkt steuerpflichtige Erwerbe (nach § 2 Abs. 1 Satz 3 ErbStG) wird nur ein Freibetrag i. H. v. 2.000 € gewährt, unabhängig von den persönlichen Verhältnissen zum Erblasser/Schenker (§ 16 Abs. 2 ErbStG).

XIII. Versorgungsfreibetrag (§ 17 ErbStG)

440 Neben den persönlichen Freibeträgen des § 16 ErbStG wird dem überlebenden Ehegatten oder Lebensgefährten und den Kindern des Erblassers ein besonderer Versorgungsfreibetrag gewährt.

441 Für **Ehegatten** beträgt dieser Freibetrag 256.000,00 Euro, unabhängig vom Lebensalter des überlebenden Ehegatten und unabhängig davon, ob tatsächlich Versorgungswerte vorliegen (§ 17 Abs. 1 ErbStG).

442 Bei **Kindern** ist der Freibetrag nach dem Lebensalter gestaffelt (§ 17 Abs. 2 ErbStG).

Tab. 13: Versorgungsfreibetrag von Kindern

bei einem Alter....	Freibetrag
bis zu 5 Jahren	52.000 €
von mehr als 5 bis zu 10 Jahren	41.000 €
von mehr als 10 bis zu 15 Jahren	30.700 €
von mehr als 15 bis zu 20 Jahren	30.500 €
von mehr als 20 bis zu 27 Jahren	10.300 €

Der Freibetrag wird gekürzt um Versorgungsbeträge, die erbschaftsteuerfrei von Todes wegen dem überlebenden Ehegatten bzw. den Kindern zufließen. Dies soll den Nachteil ausgleichen, den Ehegatten/Kinder erleiden, die erbschaftsteuerpflichtige Versorgungsbezüge erhalten. Die erbschaftsteuerfreien Versorgungsbezüge sind im Einzelnen aufgelistet in Richtlinie 74 Abs. 1, R 8 ErbStR 2003. **443**

Nicht erbschaftsteuerpflichtige Bezüge sind folgende Versorgungsansprüche von Hinterbliebenen: **444**

- Beamtenpensionen,
- Renten aus der gesetzlichen Rentenversicherung,
- Renten aus berufsständischen Pflichtversicherungen,
- Abgeordnetenpensionen.

Den gesetzlichen Rentenansprüchen sind gleichgestellt: **445**

- Renten, die auf Tarifvertrag, Betriebsordnung, Betriebsvereinbarung oder betrieblicher Übung zurückzuführen sind,
- Renten, die einzelvertraglich auf einem Arbeitsvertrag beruhen, soweit sie angemessen sind, das heißt 45 % des Bruttoarbeitslohnes nicht übersteigen und nicht aus einem Arbeitsverhältnis mit einem beherrschenden Gesellschafter/Geschäftsführer stammen.

Der Begriff des beherrschenden Gesellschafters/Geschäftsführers ist weiter gefasst als im Ertragsteuerrecht. Ein Gesellschafter/Geschäftsführer ist immer beherrschend, wenn er zwar weniger Anteile besitzt, aber zusammen mit einem anderen Gesellschafter/Geschäftsführer über die Mehrheit der Stimmen verfügen kann. Zu einer Beherrschung des Gesellschafters/Geschäftsführers führt auch die Befreiung vom Selbstkontrahierungsverbot nach § 181 BGB und die Tatsache, dass er als einziger Geschäftsführer über die notwendigen Branchenkenntnisse verfügt oder Großgläubiger der Gesellschaft ist. Diese Auffassung vertritt die Finanzverwaltung im Hinweis 8 ErbStH 2003 zu § 3 ErbStG mit Hinweis auf die Rechtsprechung des BFH und des BVerfG. **446**

Die Bewertung des Abzugsbetrages erfolgt mit dem Kapitalwert der Pension, der nach § 14 Abs. 1 BewG in der Anlage 9 errechnet wird. **447**

448 **Beispiel:** (aus Gürschinger/Stenger ErbstG § 17 Rn. 14)
Die Witwe W (70 Jahre) ist Alleinerbin nach ihrem Ehemann, der Beamter war. Sie erhält eine jährliche Witwenpension i. H. v. 25.000 €.

Der Versorgungsfreibetrag von 256.000 € wird gekürzt um den Kapitalwert der Pension

Versorgungsfreibetrag	256.000 €
abzgl. Kapitalwert der Pension (8,99 x 25.000 €)	244.750 €
verbleiben zusätzlich zum Freibetrag nach § 16 ErbStG	11.250 €

Voraussetzung für den Versorgungsfreibetrag nach § 17 ErbStG ist weiterhin, dass der Erbe unbeschränkt steuerpflichtig ist (§ 16 Abs. 1 Nr. 1 i. V. m. § 2 Abs. 1 Nr. 1 ErbStG).

XIV. Steuerberechnung

449 **1. Steuersätze (§ 19 Abs. 1 ErbStG).** In Abhängigkeit von der Steuerklasse (nach § 15 ErbStG) und der Höhe des steuerlichen Erwerbs (nach § 10 Abs. 1 Satz 1 ErbStG) ergeben sich ab 1.1.2009 die in nachfolgender Tabelle dargestellten progressiven Steuersätze:

Tab. 14: Steuersätze

Wert des steuerpflichtigen Erwerbs (§ 10 ErbStG) bis einschließlich...	**Prozentsatz in der Steuerklasse**		
	I	**II**	**III**
75.000 €	7	15	30
300.000 €	11	20	
600.000 €	15	25	
6.000.000 €	19	30	
13.000.000 €	23	35	50
26.000.000 €	27	40	
über 26.000.000 €	30	43	

Die Steuertarife für die Kernfamilie der Steuerklasse I sind gestaffelt nach dem Wert des Erwerbs. Für die Steuerklasse II und III ist der Tarif in zwei Klassen aufgeteilt. Bei Erwerben bis 6 Mio. € beträgt der Steuersatz 30 %, darüber 50 %. Die im Gesetzgebungsverfahren diskutierte Begünstigung der Steuerklasse II gegenüber den Erwerbern der Steuerklasse III wurde trotz Empfehlung nicht ins Gesetz aufgenommen. Dadurch kommt es bereits im näheren familiären Bereich zu u. U. hohen Steuerbelastungen. **450**

Das Erbschaftsteuergesetz geht zwar in vielen Bestimmungen von einer Gleichbehandlung von Ehegatten mit dem Lebenspartner aus nicht aber bei der Festsetzung des Steuersatzes nach § 19 ErbStG. **451**

2. Härteausgleich (§ 19 Abs. 3 ErbStG). Zur Vermeidung von Härten, die sich ergeben würde, wenn bei einer nur geringfügigen Überschreitung der Progressionsstufe der Gesamterwerb mit dieser hohen Belastung besteuert würde, reduziert § 19 Abs. 3 ErbStG die Belastung auf den Mittelwert der letzten Stufe. **452**
§ 19 Abs. 3 ErbStG lautet:
„Der Unterschied zwischen der Steuer, die sich bei Anwendung des Absatzes 1 ergibt, und der Steuer, die sich berechnen würde, wenn der Erwerb die letztvorhergehende Wertgrenze nicht überstiegen hätte, wird nur insoweit erhoben, als er
a) bei einem Steuersatz bis zu 30 % aus der Hälfte
b) bei einem Steuersatz über 30 % aus ¾
des die Wertgrenze übersteigenden Betrages gedeckt werden kann."

Die Berechnung erfolgt in vier Schritten: **453**

Erster Schritt: Ermittlung des Steuerbetrages nach der aktuellen Tarifstufe.
Zweiter Schritt: Ermittlung des Steuerbetrages nach der vorherigen überschrittenen Tarifstufe.
Dritter Schritt: Ermittlung der Differenz der Steuer und des die vorherige Stufe überschreitenden Mehrerwerbs.
Vierter Schritt: Wenn die Steuerdifferenz größer ist als 50 % bzw. 75 % des Mehrerwerbs wird der Differenzbetrag angerechnet.

Beispiel 1 **454**

Der Erwerber (Steuerklasse I) hat einen Erwerb von 650.000 € zu versteuern.

Steuer nach der aktuellen Tabellenstufe (19 %)	123.500 €
Steuer nach der überschrittenen Stufe (15 %)	90.000 €
Differenz	33.500 €
50 % Mehrerwerb (650.000 €–600.000 €)	25.000 €
Steuer (90.000 € + 25.000 €)	115.000 €

Beispiel 2
Der Erwerber (Steuerklasse I) hat einen Erwerb von 900.000 € zu versteuern.

Steuer nach der aktuellen Tabellenstufe (19 %)	171.000 €
Steuer nach der überschrittenen Stufe (15 %)	135.000 €
Differenz	36.000 €
50 % Mehrerwerb (900.000 €–600.000 €)	150.000 €
Steuer	171.000 €

455 Der Härteausgleich ist ein fester Bestandteil der Tarifvorschrift; er ist in allen Fällen anzuwenden, in denen die Steuerberechnung tatsächlich oder fiktiv erfolgt. Damit betrifft der Härteausgleich die §§ 6 Abs. 2, 10 Abs. 2, 14, 15 Abs. 3, 19a, 23, 25 ErbStG.

456 3. **Steuerklasse von Familienstiftungen.** Für die Besteuerung von Familienstiftungen gelten besondere vom Gesetz vorgeschriebene Steuerklassen. Für die Besteuerung von Zuwendungen an Stiftungen von Todes wegen oder durch Schenkungen gilt die Steuerklasse für die am weitesten entfernten Bezugsberechtigten. Für die Erbersatzsteuer, die alle 30 Jahre anfällt, gilt die Steuerklasse I auf die Hälfte des Stiftungsvermögens.

457 4. **Tarifbegrenzung (§ 19a ErbStG).** § 19a ErbStG sieht eine Tarifbegrenzung bei der Übertragung von begünstigtem Produktivvermögen auf Erwerber der Steuerklasse II und III vor. Der Entlastungsbetrag führt dazu, dass die Belastung der Steuer in der Steuerklasse I entspricht. Die Tarifbegrenzung wird nur für den Teil des begünstigungsfähigen Vermögens gewährt, der sich nach § 13a Abs. 1, 2 ErbStG ergibt.

458 Die Berechnung erfolgt in drei Schritten:

Erster Schritt: Die Erbschaftsteuer wird für den steuerpflichtigen Erwerb nach der tatsächlichen Steuerklasse des Erwerbs und alternativ nach der Steuerklasse I berechnet.

Zweiter Schritt: Der Wert des begünstigten Betriebsvermögens nach Abzug des Verschonungsabschlages, des Entlastungsbetrages und mit diesem Vermögen in wirtschaftlichen Zusammenhang stehenden abzugsfähigen Schulden und Lasten (§ 10 Abs. 5, 6 ErbStG) wird zum Wert des gesamten Vermögens ins Verhältnis gesetzt.

Dritter Schritt: Die Differenz der Steuerbelastung zwischen der Steuerklasse I und der Steuerklasse II multipliziert mit dem Anteil des Betriebsvermögens ergibt den Entlastungsbetrag

459

Beispiel:
Der ledige Unternehmer U hinterlässt testamentarisch sein gesamtes Vermögen seinem Neffen N. Im Unternehmenswert wird nicht begünstigtes Verwaltungsvermögen nach § 13b Abs. 2 ErbStG in Höhe von 400.000 € berücksichtigt.

Gesamtwert des erworbenen Vermögens	
Grundbesitz	1.500.000 €
Betriebsvermögen	1.992.000 €
abzgl. Freibetrag § 13a (85 % v. 1.592.000 €)	–1.353.200 €
Sonstiges Vermögen	500.000 €
Vermögensanfall	2.238.800 €
Freibetrag	20.000 €
	2.218.800 €

Steuer nach tatsächlicher Steuerklasse III (30 %)	665.640 €
Steuer nach Steuerklasse I (19 %)	421.572 €

Ertragswert (mit Kapitalisierungsfaktor multiplizierter Jahresertrag)	1.592.000 €
Nicht begünstigtes Betriebsvermögen (15 % von 1.592.000 €)	238.800 €
in % des Vermögensanfalls (238.800/3.972.000 x 100)	7 %

Steuer auf nicht begünstigtes Vermögen nach Stkl. III (7 % von 665.640 €)	44.252 €
nicht begünstigtes Vermögen nach Stkl. I (7 % von 421.572 €)	– 28.027 €
Entlastungsbetrag	16.226 €
Endgültige ErbSt	649.414 €

460 Der Entlastungsbetrag wird an die gleiche Behaltensfrist wie der Verschonungsabschlag geknüpft, nicht aber an die Einhaltung der Lohnsumme (§ 19a Abs. 5 ErbStG).

461

Beispiel:
Der Steuerpflichtige S hatte 2004 seiner damaligen Lebenspartnerin 100.000 € geschenkt. Nach der Heirat schenkt er ihr weitere 500.000 €.

Erwerb 2004:	100.000 €
Freibetrag (§ 16 ErbStG)	– 10.000 €
Steuerpflichtiger Erwerb	90.000 €
Steuer (StKl. III) 23 %	20.700 €
Erwerb 2009	500.000 €
zzgl. Vorerwerb	100.000 €
Freibetrag	–500.000 €
Steuerpflichtiger Erwerb	100.000 €
Steuer (StKl. I) 11 %	11.000 €
Fiktive Steuer Erwerb 2004	
Erwerb 2004	100.000 €
Freibetrag (max Vorerwerb).	10.000 €
Steuerpflichtiger Erwerb	90.000 €
Steuer (StKl. I) 11 %	9.900 €
Anzurechnen höhere tatsächliche Steuer	20.700 €
Steuer 2009	11.000 €
Abzgl. Steuer Vorerwerb	– 20.700 €
Steuer	0 €

462 Zu Steuererstattung aus bereits bezahlten Steuern führt dies jedoch nicht. Für den letzten Erwerb wird in einem solchen Fall auf 0 festgesetzt. Die für den letzten Erwerb errechnete Steuer ist auf einen Höchstbetrag der Steuerklasse III mit 50 % begrenzt.

463 5. **Anrechnung ausländischer Erbschaftsteuer (§ 21 ErbStG).** Beim unentgeltlichen Übergang von im Ausland befindlichen Vermögen kann der Erwerber dieses Vermögen sowohl deutschem als auch ausländischem Steuerrecht unterliegen. Eine Doppelbelastung kann durch bilaterale Maßnahmen, durch ein Doppelbesteuerungsabkommen, vermieden werden oder unilateral durch das nationale Steuergesetz. Da bisher nur wenige Doppelbesteuerungsabkommen auf dem Gebiet der Erbschaft- und Schenkungsteuer vorliegen, regelt § 21

ErbStG eine mögliche doppelte Besteuerung durch die Anrechnung der ausländischen Steuer auf die deutsche Erbschaftsteuer.

Tab. 15: Stand der Doppelbesteuerungsabkommen

Abkommen auf dem Gebiet der Erbschaft- und Schenkungsteuer		
mit	**vom**	**Fundstelle**
Dänemark	22.11.1995	BStBl. 1996 I, 1219
Griechenland	18.11.1910/ 1.12.1910	BGBl. 1912 II, 1973
Österreich *(außer Kraft getreten, vorübergehende Weitergeltung)*	4.10.1954	BStBl. 19955 I, 375
Schweden	14.07.1992	BStBl. 1994 I, 422
Schweiz	30.11.1978	BStBl. 1980 I, 243
USA	21.12.2000/ 14.12.1998	BStBl. 2001 I, 114 BStBl. 2001 I, 110

464 Voraussetzung für die Anwendung von § 21 ErbStG ist, dass es sich um einen Erwerb mit unbeschränkter Steuerpflicht handelt. Erblasser/Schenker oder Erwerber müssen Inländer sein. Unterliegt nur ein Teil des Erwerbs einer Doppelbesteuerung, weil nur ein Teil des Erwerbs Auslandsvermögen im Sinne des § 121 BewG ist, wird der auf das Auslandsvermögen entfallende Anteil der gesamten ausländischen Steuern nach dem Verhältnis des Auslandsvermögens zum Wert angerechnet. Der Erwerb ist vor Abzug der Steuer als Bruttowert anzusetzen.

465 **Beispiel:** (angelehnt an Högl, in: Gürsching/Stenger ErbStG § 21 Rn. 43)
Inländer A hinterlässt seiner Ehefrau B Inlandsvermögen mit einem Steuerwert von 500.000 € und Auslandsvermögen mit einem Verkehrswert von 200.000 €. Auf das Auslandsvermögen wurde eine der deutschen Erbschaftsteuer entsprechende Steuer in Höhe von 20.000 € (10 %) erhoben und bezahlt.

Anfallende ErbSt bei B:	
Gesamterwerb	700.000 €
Persönlicher Freibetrag	500.000 €
Steuerpflichtiger Erwerb	200.000 €
Steuer (StKl. I) 11 %	22.000 €
Anzurechnende ausl. Steuer	
22.000 € x 200.000 € / 700.000 €	6.286 €
Festzusetzende Steuer	15.714 €

XV. Steuerfestsetzung und -erhebung

466 **1. Steuerschuldner (§ 20 ErbStG).** § 20 ErbStG bestimmt, wer für die Erbschaftsteuer Steuerschuldner, beziehungsweise Haftungsschuldner und damit Adressat des Steueranspruchs ist und in den vom Gesetz genannten Fällen eine Erwerbsanzeige oder Steuererklärung abgeben muss. Das Gesetz unterscheidet zwischen dem Steuerschuldner aus dem Erwerb von Todes wegen und aus dem Erwerb durch Schenkungen. § 20 Abs. 1 ErbStG bestimmt, dass der Erwerber des Vermögens Steuerschuldner ist. Steuerschuldner beim Erbanfall sind die Erben, die Vermächtnisnehmer und Pflichtteilsberechtigten. Bei Schenkungen auf den Todesfall sind dies die beschenkten Steuerschuldner, beim Erwerb von Geschäftsanteilen eines verstorbenen Gesellschafters die Erwerber. Informationen über den Vermögensanfall und die Erwerber erhält das Finanzamt von den Nachlassgerichten und den Notaren.

467 Erwerber und Schenker sind grundsätzlich gleichrangige Gesamtschuldner der Schenkungsteuer (§ 20 Abs. 1 Satz 1 ErbStG). Das Erbschaftsteuerfinanzamt ist aber berechtigt, beide gleichzeitig ohne Rücksicht auf das Innenverhältnis in Anspruch zu nehmen. Das Finanzamt darf die Schenkungsteuer grundsätzlich gegenüber jedem Gesamtschuldner ganz oder teilweise geltend machen. Das bestimmen § 44 Abs. 1 Satz 2 AO und § 421 Abs. 1 BGB. In der Praxis wird allerdings der Beschenkte primär in Anspruch genommen. Nimmt das Finanzamt den Schenker anstelle des Erwerbers in Anspruch, muss es dieses Auswahlermessen nachvollziehbar begründen. So auch BFH im Urteil vom 29.11.1961, II 282/58 U, BStBl. III. 1962, 323. Umgekehrt kann eine Inanspruchnahme des Erwerbers anstelle des Schenkers ermessensfehlerhaft sein, wenn der Schenker ausdrücklich die Schenkungsteuer vertraglich übernommen hat. Ob und inwieweit eine solche Haftung bei einem Verstoß gegen die Behaltensfristen oder Verhaltensvorschriften der §§ 13 ff. ErbStG gegeben ist und eine Nachbelastung ausgelöst haben, bleibt abzuwarten. Sollte dies der Fall werden, müsste vertraglich hierfür Vorsorge getroffen werden.

468 **2. Haftung des Nachlassvermögens (§ 20 Abs. 3, 5 ErbStG).** Ergänzt wird die Steuerschuldnerschaft des Erwerbers durch die Haftung des Nachlassvermögens. Es dient als Sicherheit bis zur Auseinandersetzung nach § 2042 BGB für die Steuern der am Erbfall Beteiligten. Im Falle einer angeordneten Testamentsvollstreckung hat der Testamentsvollstrecker und ggf. auch ein Nachlassverwalter die Pflicht, für die Erfüllung der Steuern zu sorgen. Auf Verlangen des Finanzamts hat er sogar Sicherheiten aus dem Nachlass zur Verfügung zu stellen (§ 32 Abs. 1 Sätze 2 und 3 ErbStG).

469 Wird das erworbene Vermögen ganz oder teilweise vor Begleichung der Steuerschuld unentgeltlich weitergegeben, haftet der Zweiterwerber als Haftungsschuldner nach § 20 Abs. 5 ErbStG für die noch nicht beglichene Steuerschuld. Mit Recht weist Hartmann in Gürsching/Stenger ErbStG § 20 Rn. 34 auf die Gefahr einer (verdeckten) Einlage in Mitunternehmerschaften hin, die u. U. als unentgeltliche Zuwendung angesehen werden kann.

470 **3. Verfahrensvorschriften.** Die örtliche Zuständigkeit für die Verwaltung der Erbschaftsteuer bestimmt § 35 ErbStG. Die örtliche Zuständigkeit ist wichtig, nicht nur für die Steuerfestsetzung, sondern auch für alle Verfahrenshandlungen (z. B. für Anzeigen, Anträge, Steuererklärung, Stundung, Fristsetzung, Rechtsbehelfsverfahren) gegenüber dem Finanzamt und vom Finanzamt gegenüber dem Steuerschuldner.

→ Weiterführende Informationen: Steuerfestsetzung u. -erhebung: Verfahrensvorschriften

XVI. Steuerzahlung, Stundung, Erlöschen

471 **1. Besteuerung von Renten, Nutzungen und Leistungen (§ 23 ErbStG).** Der Erwerb von Renten oder anderen Nutzungen und Leistungen ist nach § 12 Abs. 1 ErbStG i. V. mit §§ 13–16 BewG mit dem Kapitalwert (Jahreswert x Vervielfältiger) zu bewerten. Die sofortige Entrichtung der Steuer ist jedoch nicht zwingend. § 23 ErbStG räumt dem Erwerber vielmehr ein Wahlrecht ein, die Steuer vom Kapitalwert – als Sofortsteuer – oder jährlich im Voraus von dem Jahreswert zu entrichten. Hauptanwendungsfälle in der Praxis sind der Nießbrauch und das Rentenvermächtnis.

472 Der Zweck dieser Regelung ist beispielsweise, dass der Berechtigte einer Rente den Kapitalwert nicht zur sofortigen Verfügung hat, sondern nur entsprechend dem Zufluss der Rente bzw. dem Ertrag aus einem Nutzungsrecht (z. B. eines Nießbrauchs).

Tab. 16: Besteuerung von Renten,, Nutzungen und Leistungen

<table>
<tr><th colspan="3">Wahlrecht der Besteuerung von Renten, Nutzungen, Leistungen beim Begünstigen (§ 23 ErbStG)</th></tr>
<tr><td rowspan="3">Einmalige Versteuerung nach Kapitalwert</td><td colspan="2">Jährliche Versteuerung mit Jahreswert abzüglich Freibetrag nach</td></tr>
<tr><td>Aufzehrmethode</td><td>Kürzungsmethode</td></tr>
<tr><td colspan="2">Ablösungsmöglichkeit nach § 23 Abs. 2 ErbStG</td></tr>
</table>

473 **a) Besteuerung nach dem Kapitalwert.** Die Besteuerung nach dem Kapitalwert führt zu einer einmaligen und abschließenden Besteuerung des Erwerbs.

474 **Beispiel:**

Erblasser E hinterlässt seinem 60-jährigen Bruder B ein Rentenvermächtnis in Höhe von monatlich 1.000 €.

Jahreswert der Rente	12.000 €
Kapitalwert (Vervielfältiger 10,488 aus Anlage 9 zu § 14 BewG)	125.856 €
Freibetrag (StKl. II § 16 Abs. 1 Nr. 5 ErbStG9)	20.000 €
	105.856 €
Abrundung (§ 10 Abs. 1 Satz 6 ErbStG)	105.800 €
Steuer (StKl. II) 30 %	31.740 €

475 **b) Besteuerung nach dem Jahreswert.** Die Besteuerungsgrundlagen werden mit diesem Wahlrecht nicht verändert. Für die Bewertung sind die Verhältnisse zum Zeitpunkt des Erwerbs (§ 11 ErbStG) maßgeblich. Es wird also nicht der jeweilige Jahreswert berücksichtigt, sondern der beim Erwerb des Rentenstammrechts maßgebliche Jahreswert. Die Steuer vom Jahreswert entsteht wie die Steuer vom Kapitalwert mit dem Erwerb des Rentenstammrechts. Die Besonderheit liegt darin, dass sie gesetzlich als Jahressteuer ausgestaltet ist. Die

Rechtsgrundlage hierfür stellt in diesem Fall ein Steuerbescheid als Dauerverwaltungsakt dar, der die jährlich im Voraus zu entrichtende Steuer feststellt.

476 **aa) Aufzehrmethode.** Wenn nur der Jahreswert der Rente der Besteuerung zugrunde gelegt wird, kann es dazu kommen, dass dieser Jahreswert – evtl. sogar einschließlich der übrigen Erwerbe – zunächst die Freibeträge nicht überschreitet. In diesen Fällen darf die Jahressteuer erst erhoben werden, wenn die dem Erwerber zuzurechnenden Freibeträge aufgezehrt sind.

477 **Beispiel wie vorher:**
B stellt den Antrag auf Besteuerung nach dem Jahreswert nach der Aufzehrmethode.

Kapitalwert der Rente nach Abzug des Freibetrags	105.800 €
Steuersatz (StKl. II) 30 %	31.740 €
Jahressteuer der Rente (30 % von 12.000 €)	3.600 €
Aufzehrmethode (Jahreswert ./. Freibetrag)	
1. Jahr (12.000 € ./. 12.000 €)	0 €
2. Jahr (12.000 € ./. 8.000 € x 30 %)	1.200 €
3. Jahr und folgende Jahre	3.600 €

478 **bb) Kürzungsmethode.** Die Finanzverwaltung lässt auf Antrag auch die sog. Kürzungsmethode zu, bei der der Jahreswert der Bezüge in dem Maß zu kürzen ist, in dem der Kapitalwert der Bezüge durch den Freibetrag gekürzt wird. Die persönlichen Freibeträge werden in diesem Fall nicht von den ersten Jahreserträgen abgezogen, sondern über die gesamte Laufzeit der Rente verteilt.

479 **Beispiel wie vorher:**
B stellt den Antrag auf Besteuerung nach dem Jahreswert nach der Kürzungsmethode.

Jahresrente	12.000 €
Kürzungsbetrag (20.000 €/105.800 €) 18,9 %	2.268 €
Steuerwert	9.732 €
Jahressteuer (30 %)	2.919,60 €

480 **c) Ablösung.** Das Wahlrecht steht dem Erwerber zu. Steht die Begünstigung mehreren Personen zu, kann jeder Begünstigte das Wahlrecht ausüben. Das Wahlrecht kann unbefristet bis zur Bestandskraft ausgeübt werden. Trifft der

Erwerber keine Wahl, geht das Finanzamt von der Regelbesteuerung nach dem Kapitalwert aus.

481 Nach § 23 Abs. 2 ErbStG hat der Erwerber das Recht, die Jahressteuer zum jeweils nächstmöglichen Termin mit ihrem Kapitalwert abzulösen. Für die Ermittlung des Kapitalwerts zum Ablösezeitpunkt gelten die Vorschriften der §§ 13 und 14 BewG.

482 **Beispiel:**
Mit 65 Jahren möchte B die Jahressteuer ablösen.

Ablösung nach der Aufzehrmethode

Jahressteuer	3.600 €
Vervielfältiger (Anl. 9 § 14 BewG) 9,019	32.468,40 €

Ablösung nach der Kürzungsmethode

Jahressteuer	2.919,60 €
Ablösebetrag Vervielfältiger 9,019	26.331,87 €

483 Der Antrag ist spätestens bis zum Beginn des Monats zu stellen, der dem Monat vorangeht, in dem die nächste Jahressteuer fällig wird.

484 **2. Nießbrauch.** Das neue Erbschaftsteuergesetz ab 1.1.2009 ändert die Besteuerung von nießbrauchsbelastetem Vermögen. Die bis zum 31.12.2008 geltende Vorschrift § 25 Abs. 1 Satz 3, Abs. 2 ErbStG wurde aufgehoben. Die frühere Vorschrift berücksichtigte für die Steuer von Vermögen, das mit Nießbrauch oder Rentenansprüchen belastet ist, nur eine Stundung der Steuer, die auf dieses belastete Vermögen entfällt. Die Steuerbemessung erfolgte nach dem Wert des unbelasteten Vermögens.

485 **a) Die Behandlung des Nießbrauchs ab 1.1.2009.** Nach der Aufhebung der Regelung sind Nießbrauchsbelastungen oder Rentenbelastungen als wertmindernde Belastungen bei der Bewertung des Vermögens zu berücksichtigten. Die Bewertung des Nießbrauchs selbst erfolgt nach dem §§ 13–16 Bewertungsgesetzt.

486 Bei Übertragung insbesondere von Grundstücken unter Nießbrauchsvorbehalt sind abzuwägen:

- die geänderte Verwertung des übertragenen Vermögens (meistens Grundstücke),
- der geänderte Vervielfältiger,

- der Abzug des Nießbrauchs als Last (wie eine Gegenleistung),
- die veränderten Freibeträgen des § 16 ErbStG,
- höhere Steuersätze in der Steuerklasse II und III,
- dass auf den Kapitalwert des Nießbrauchs nunmehr Grundsteuer entsteht, wenn der Eigentümer nicht in einem Verwandtschaftsverhältnis i. S. des § 3 Nr. 4, 6 GrStG zum Schenker steht.

487 **b) Übergangsregelung.** Für Erbfälle und Schenkungen, die vor dem 1.1.2009 eingetreten sind, ist § 25 Abs. 1 Satz 3, Abs. 2 ErbStG in der bisherigen Fassung weiter anzuwenden. Die vor 2009 vollzogenen Übertragungen unter Nießbrauchsvorbehalt werden somit noch bis zu ihrem Erlöschen nach dem alten System der Stundung mit ggf. beantragter Ablösung abgewickelt. Wird auf ein früher begründeter Nießbrauch entgeltlich verzichtet, wirkt der Verzicht nicht auf den Zeitpunkt der Schenkung zurück; es bleibt somit bei einer Vorschenkung i. S. des § 14 ErbStG. Ein unentgeltlicher Verzicht ist eine neue freigebige steuerpflichtige Zuwendung.

488 **3. Mehrfacher Erwerb desselben Vermögens (§ 27 ErbStG).** Personen der Steuerklasse I wird ein Abschlag von der Erbschaftsteuer gewährt, wenn Vermögen mehrfach innerhalb kurzer Zeit übergegangen war und wenn der letzte Übergang von Todes wegen erfolgt ist. Zweck der Regelung ist es, eine übermäßige Versteuerung von Familienvermögen zu verhindern. Diese Regelung gilt daher nur für Personen der Steuerklasse I. Je geringer der zeitliche Abstand zwischen den einzelnen Erwerbsvorgängen ist, umso schwerer wird die Belastung von den Erwerbern empfunden. Der Ermäßigungsbetrag ist deshalb von 50 % bis 10 % des Steuerbetrages gestaffelt.

Tab. 17: Ermäßigung von Mehrfacherwerben

Ermäßigung des Steuerbetrags bei einem Erwerb innerhalb von:	**%**
mehr als 1 Jahr aber nicht mehr als 2 Jahre	50
mehr als 2 Jahr aber nicht mehr als 3 Jahre	45
mehr als 3 Jahr aber nicht mehr als 4 Jahre	40
mehr als 4 Jahr aber nicht mehr als 5 Jahre	35
mehr als 5 Jahr aber nicht mehr als 6 Jahre	30
mehr als 6 Jahr aber nicht mehr als 8 Jahre	25
mehr als 7 Jahr aber nicht mehr als 8 Jahre	20
mehr als 8 Jahr aber nicht mehr als 10 Jahre	10

489 **Beispiel:**
Vater V schenkt seinem Sohn S Vermögen, dessen Ehefrau E erbt dieses Vermögen innerhalb von 5 Jahren.
Der Erwerb ist begünstigt. Die ErbSt wird um 35 % gekürzt.

Beispiel:
Vater V schenkt seinem Sohn S Vermögen, dieses Vermögen E erbt die Schwester innerhalb von 5 Jahren.
Der Erwerb ist nicht begünstigt. Die Schwester fällt bezüglich des S nicht in die Steuerklasse I.

490 **Hinweis:** Der Schlusserbe eines „Berliner Testaments" (§ 2269 BGB) kann z. B. seine Steuerklasse beeinflussen, indem er sich auf ein näheres verwandtschaftliches Verhältnis zum Vorerben mit der Steuerklasse I beruft.
Die Ermäßigung ist begrenzt auf die Steuer des Vorerben (§ 27 Abs. 3 ErbStG).

491 **4. Stundung (§ 28 ErbStG).** Die Erbschaftsteuer ist eine Bereicherungssteuer. Bemessungsgrundlage ist die Bereicherung, die ein Empfänger durch eine unentgeltliche Vermögenszuwendung erhält. Um zu vermeiden, dass der Schutzzweck der Begünstigungsregelungen der §§ 13–13c ErbStG zur Verschonung von Steuerlasten nicht gefährdet wird, ist der Gesetzgeber bereit, in besonderen Fällen die Steuer zu stunden. Dadurch soll verhindert werden, dass die begünstigten Verfügungen zur Begleichung von Erbschaftsteuerschulden veräußert werden müssen. Die Stundung unterscheidet sich von den allgemeinen Stundungsvorschriften der Abgabenordnung (§ 222 AO) dadurch, dass bei Vorliegen der gesetzlichen Voraussetzungen im § 28 ErbStG ein Anspruch auf Stundung besteht. Der Text spricht von „ist zu stunden" im Gegensatz zu „kann stunden" in der AO.

492 **a) Stundung bei Erwerb von Betriebsvermögen (§ 28 Abs. 1 ErbStG).** Voraussetzung einer Stundung nach § 28 Abs. 1 ErbStG ist, dass zum erworbenen Vermögen Betriebsvermögen oder land- und forstwirtschaftliches Vermögen gehört. Eine Stundung wird dann für die Dauer von bis zu 10 Jahren gewährt. Im Falle eines Erwerbs von Todes wegen erfolgt diese Stundung zinslos. Die Stundung ist zu gewähren, „soweit dies zur Erhaltung des Betriebs notwendig ist".

493 **b) Stundung für Wohnraum (§ 28 Abs. 3 ErbStG).** Mit Einführung der Erbschaftsteuerreform ab 1.1.2009 wurde auch für Wohnraum eine Stundungsmöglichkeit bis zu 10 Jahren geschaffen. Voraussetzung ist, dass zum Erwerb ein im Inland oder der EU gelegenes zu Wohnraum vermietetes Grundstück gehört. Die Stundung wird auch für ein nach dem Erwerb selbst genutztes Ein- oder Zweifamilienhaus oder Wohneigentum gewährt. Die Steuer, die anteilig auf diesen Erwerb entfällt, wird gestundet, soweit die Steuer nur durch Veräußerung dieses Vermögens aufgebracht werden könnte.

Die Stundung für selbst genutzten Wohnraum wird nach einer Selbstnutzung noch weiter gewährt, wenn bei der darauf folgenden Vermietung nach Beendigung der Selbstnutzung die gestundete Erbschaftsteuer aus den Erträgen nicht entrichtet werden kann (so die Gesetzesbegründung). **494**

c) eigenes Vermögen. Der Rechtsanspruch auf Stundung besteht nicht, wenn der Erwerber die auf das begünstigte Vermögen entfallende Erbschaftsteuer entweder aus weiterem erworbenen Vermögen oder aus seinem vorhandenen eigenen Vermögen aufbringen kann. **495**

5. Erlöschen (§ 29 ErbStG). § 47 AO bestimmt das Erlöschen von Steueransprüchen bei auflösend bedingten Ansprüchen beim Eintritt der Bedingung. Zusätzlich regelt § 12 Abs. 1 ErbStG i. V. m. § 5 Abs. 2 BewG, dass der Wegfall der Bereicherung bei Eintritt einer auflösenden Bedingung auf Antrag berücksichtigt wird. Darüber hinaus regelt § 29 ErbStG den Wegfall der Erbschaftsteuer in den im Gesetz aufgezählten Fällen. **496**

a) Rückforderungsrechte (§ 29 Abs. 1 Nr. 1 ErbStG). Es muss sich dabei um Rückforderungsrechte aus dem ursprünglichen Schenkungsvertrag handeln. Entweder gesetzliche Rückforderungsansprüche **497**

- bei Rücktritt (§§ 346 ff. BGB),
- bei nichtigem/angefochtenem Rechtsgeschäft (§§ 122, 812 ff. BGB),
- bei Nichterfüllung einer Auflage (§ 527 BGB),
- bei Widerruf gegen groben Undanks (§§ 530, 531 Abs. 2 BGB),
- wegen nicht erfolgter Eheschließung (§ 1301 BGB).

Darüber hinaus bestehen vertragliche Rückforderungsansprüche bei Schenkung unter Widerrufsvorbehalt. Der Beschenkte hat bei Rückgabe des Geschenks die zu diesem Zeitpunkt erhaltenen Nutzungen ggf. erbschaftsteuerlich zu versteuern. **498**

Bei einer freiwilligen Rückgabe (sogenannte Rückschenkung) bleibt die Erbschaftsteuer dagegen bestehen und die Rückschenkung löst zusätzlich Erbschaftsteuer aus. Die Rückgabe ist vom Erwerb unter einer auflösenden Bedingung zu unterscheiden. In diesem Fall erfolgt eine Korrektur der Erbschaftsteuer bei Eintritt der Bedingung, entsprechend der Bewertungsvorschrift des § 12 Abs. 1 ErbStG, § 5 Abs. 2 BewG. **499**

500 b) **Anrechnung auf Ausgleichsforderung.** Eine Ausgleichsforderung des Ehegatten besteht nach § 1380 Abs. 1 BGB i. V. m. § 29 Abs. 1 Nr. 3 ErbStG. Unentgeltliche Zuwendungen unter Ehegatten im gesetzlichen Güterstand der Zugewinngemeinschaft haben im Zweifel den Charakter von Vorauszahlungen auf den Zugewinnausgleich. Sie sind zunächst dem Grunde nach schenkungsteuerpflichtig. Diese Schenkung ist bei der Ausgleichsforderung nach § 5 ErbStG anzurechnen (s. a. R 11 Abs. 6 ErbStR).

→ Weiterführende Informationen zu

- Vermeidung einer Doppelbesteuerung durch Einkommensteuer (§ 35b EStG)
- Anwendungsregelung zu den neuen Erbschaftsteuerregelungen
- Auswirkungen der Erbrechtsreform auf die Erbschaftsteuer
- Verfassungsmäßige Bedenken gegenüber dem Erbschaftsteuerreformgesetz

3. Kapitel **Grundsteuer**

I. Grundlagen

→ Geschichtliche Entwicklung der Grundsteuer

1. Charakter und Rechtfertigung der Steuer. Die Grundsteuer ist eine **Realsteuer** auf den Vermögensbestand i. S. einer Sonderertragsteuer. Sie besteuert den Ertrag, der aus dem lokalen Grundbesitz fließt, ohne Berücksichtigung der persönlichen Lebensverhältnisse des Eigentümers. Sie ist daher keine Subjekt-, sondern eine Objektsteuer. Die Grundsteuer soll die Aufwendungen der Gemeinden für Infrastrukturleistungen kompensieren, die durch die Nutzung des Grundbesitzes ausgelöst werden. Sie entspricht damit in besonderem Maße dem **Äquivalenzprinzip**, wonach zwischen den Leistungen der Gemeinde für die Daseinsvorsorge und dem Steueraufkommen ein enger Zusammenhang besteht (BFH Beschl. v. 20.12.2002 – II B 44/02 –, BFH/NV 2003, 508). **501**

Der Gesetzgeber hat in Art. 106 Abs. 6 GG die Grundsteuer ausdrücklich als Steuer benannt, deren Aufkommen den Gemeinden zusteht. Als **Objektsteuer** verstößt die Grundsteuer nicht gegen Art 6 Abs. 1 GG, wenn sie nicht nach persönlichen Merkmalen differenziert, indem es z. B. für kinderreiche Familien keine Grundsteuervergünstigung gibt (BFH Beschl. v. 20.12.2002 – II B 44/02 – s. o.). **502**

Nach der Finanzverfassung Deutschlands unterliegen die Realsteuern der konkurrierenden Gesetzgebung des Bundes (Art. 105 GG). Die Gemeinden haben das Recht, die Steuern entsprechen dem Finanzbedarf festzusetzen. **503**

2. Besonderheiten der Grundsteuer in den neuen Bundesländern. Das Grundsteuerreformgesetzes von 1973 gilt nach dem Einigungsvertrag mit Wirkung zum 1.1.1991 auch für die neuen Bundesländer. Besondere Regelungen waren aber notwendig, weil in den neuen Bundesländern nach der Hauptfeststellung zum 1.1.1935 keine Hauptfeststellungen mehr durchgeführt worden waren und somit der Stichtag des Hauptfeststellungszeitpunktes 1.1.1964 nicht als Basis der Einheitsbewertung herangezogen werden konnte. In dem Gebiet der **504**

ehemaligen DDR gelten für die Grundsteuer daher besondere Regelungen, die in einem gesonderten Abschnitt VI mit den §§ 40–46 GrStG aufgeführt werden.

505 a) **Einheitswert des Grundvermögens.** Abweichend vom alten Bundesgebiet beruhen die Einheitswerte auf den Wertverhältnissen am 1.1.1935. Sie werden nach §§ 129–132 BewG weitergeführt, verwendet, fortgeschrieben und nachträglich als Bemessungsgrundlage für die Grundsteuer festgestellt.

506 b) **Steuermesszahlen.** Die Grundsteuermessbeträge werden nach den abgestuften Steuermesszahlen der §§ 29–33 GrStDV 1937 berechnet (§ 41 GrStG).

507 c) **Unbewertete Wohngrundstücke.** Für Einfamilienhäuser und Mietwohngrundstücke für die keine Einheitswerte auf den 1.1.1935 festgelegt oder festgestellt sind, wird die Grundsteuer nach der Ersatzbemessungsgrundlage der Wohn- oder Nutzfläche erhoben (§ 132 Abs. 2, 3 BewG; §§ 42, 44 GrStG).

508 d) **Neu geschaffene Wohnungen.** Vor dem 1.1.1992 bezugsfertig gewordene Wohnungen wird eine zehnjährige Grundsteuerbefreiung gewährt, die den Grund und Boden einschließt (§ 43 GrStG).

509 e) **Ersatzwirtschaftswerte.** Beim land- und forstwirtschaftlichen Vermögen haben die Einheitswerte, die nach den Wertverhältnissen am 1.1.1935 festgestellt wurden mit Ablauf des Kalenderjahrs 1990 ihre Wirksamkeit verloren (§ 125 Abs. 1 BewG). Stattdessen werden bei der Festsetzung der GrSt-Messbeträge für die bewirtschafteten Flächen Ersatzwirtschaftswerte in Anlehnung an das Wertniveau der Einheitswerte 1964 im alten Bundesgebiet ermittelt (§§ 125–128 BewG). Außerdem wird der Nutzer Schuldner der Grundsteuer (§ 40 GrStG).

510 3. **Verfassungsmäßigkeit der Grundsteuer.** Die Grundsteuer ist verfahrensmäßig abhängig von der Einheitsbewertung des Grundbesitzes. Die Grundsteuer wird immer noch auf Basis der Einheitswerte von 1964 zum 1.1.1974 in den neuen Bundesländern zum 1.1.1935 erhoben.

511 Die Frage der Verfassungsmäßigkeit der Grundsteuer stellt sich damit in erster Linie in den neuen Ländern. Dort gelten wie oben (Rn. 507) dargestellt ab 1991 Übergangsregelungen für Wohngrundstücke, für die bis zum 31.12.1990 kein Einheitswert festzustellen war (Ersatzbemessung der Grundsteuer nach der Wohn-/Nutzfläche und für den land- und forstwirtschaftlichen Grundbesitz Ersatzwirtschaftswerte). Es besteht daher aus verfassungsrechtlichen Gründen, aber auch aus verwaltungsökonomischen Gründen ein dringender Reformbedarf (Kühnold/Stöckel, NWB Fach 11, 767) weil

- die Einheitswerte und – davon abgeleitet – die Grundsteuer in den neuen Bundesländern auf den Wertverhältnissen von 1935 beruhen, in den alten Bundesländern auf den Wertverhältnissen von 1964,
- die niedrigen alten Einheitswerte für Altbauten (Baujahr bis 1934), die nach dem 31.12.1990 renoviert und modernisiert wurden, seit dem 1.1.1935 unverändert gleich bewertet werden,
- die Sonderregelung der Ersatzbemessungsgrundlage zu einer vergleichbaren Grundsteuer von nur 65 % bis 70 % führt.

512 In diesem Zusammenhang ist auf das Beispiel von Berlin hinzuweisen, wo in einer Stadt unterschiedliche Grundsteuerbeträge erhoben werden. Diese Unterschiede wirken sich bei dem hohen Hebesatz der Stadt Berlin von 810 % noch stärker aus.

513 Eine seit langem geförderte und erforderliche Reform der Grundsteuer steht weiterhin aus. Die Frage, ob die Erhebung der Grundsteuer wegen der lange zurückliegenden Hauptfeststellungszeitpunkte noch verfassungsgemäß ist, hat die BFH-Rechtsprechung bisher noch bejaht. So in den Jahren 2005 (BFH vom 2.2.2005 – II R 36/03 – BStBl. 2005 II, 428) und 2006 (BFH vom 18.10.2006 – II B 10/06 –). Auch das BVerfG hat in einem Beschluss vom 21.6.2006 (– 1 BvR 1644/05 – BFH/NV 2007, 13) keinen Grund zur Beanstandung gesehen.

514 4. **Bedeutung der Grundsteuern für die Gemeinden.** Trotz erheblicher verfassungsmäßiger Bedenken v.a. wegen der nicht den tatsächlichen Wertverhältnissen entsprechenden Bemessungsgrundlage ist die Grundsteuer als eine stabile konjunkturunabhängige Einnahmequelle der Gemeinden unverzichtbar.
Mit einem Aufkommen von 10,7 Mrd. € ist die Grundsteuer neben der Gewerbesteuer in Höhe von 40,1 Mrd. € eine zweite Steuer, die alleine den Gemeinden zusteht. Wie bei der Gewerbesteuer bestimmt die Gemeinde die Höhe der Steuer durch einen Hebesatz auf den bundeseinheitlichen Messbetrag. Der Hebesatz differiert von Gemeinde zu Gemeinde in Abhängigkeit von der Region und der Gemeindegröße, bei der Grundsteuer A, der Grundsteuer für land- und forstwirtschaftliche Grundstücke, von 150 % (dem bundesweit festgelegten Mindestsatz) für Berlin bis 600 % für Freiburg, die Grundsteuer B (der Grundsteuer für den übrigen Grundbesitz von 330 % für Marburg/Lahn bis 810 % für Berlin. Für die Gemeinden insgesamt beträgt das Aufkommen an Grundsteuer im Verhältnis zu den Gesamteinnahmen der Gemeindesteuern über die Jahre hinweg ziemlich konstant ca 20 %.

II. Steuerpflicht

515 **1. Steuerobjekt (Steuergegenstand).** Steuerobjekt ist der im Gemeindegebiet belegene Grundbesitz. Die Gemeinde bestimmt, ob von dem in ihrem Gebiet belegenen Grundbesitz Grundsteuer zu erheben ist (§ 1 Abs. 1 GrStG). Steuergegenstand ist der Grundbesitz i. S. d. Bewertungsgesetzes (§ 2 Abs. 1 GrStG):

- Betriebe der Land- und Forstwirtschaft (§ 2 Nr. 1 GrStG; §§ 33, 48a, 51a BewG),
- Betriebsgrundstücke (§ 99 Abs. 1 Nr. 2 BewG) und
- Grundstücke (§ 2 Nr. 2 GrStG; §§ 68 bis 70 BewG).

516 Für die Abgrenzung der wirtschaftlichen Einheit als Steuergegenstand ist es unerheblich, ob sich das Grundstück bzw. der Betrieb über mehrere inländische Gemeinden erstreckt. Für diese Fälle ist eine Zerlegung des Steuermessbetrags auf die beteiligten Gemeinden in § 22 GrStG gesetzlich geregelt.

517 **2. Steuerbefreiungen (§§ 3–8 GrStG).** Das Grundsteuergesetz kennt nur sachliche Befreiungstatbestände. Besondere persönliche Befreiungen oder Begünstigungen sieht das Grundsteuergesetz entsprechend seines Charakters als Objektsteuer und Sollertragsteuer nicht vor. Belastungen können sich nur insoweit steuermindernd auswirken, als sie objektiv den Wert des Steuergegenstandes mindern. Sie sind dann bereits bei der Feststellung des Einheitswerts zu berücksichtigen. Ein Abzug von Lasten vom Einheitswert insbesondere von Geldschulden (Hypotheken oder Grundschulden) ist ausgeschlossen. Das wäre auch mit dem Wesen der Steuer als Realsteuer nicht vertretbar.

518 Eine Steuerbefreiung hängt daher nur von der unmittelbaren Nutzung des Grundstückes ab. Von der Grundsteuer ist insbesondere der Grundbesitz im Eigentum der öffentlichen Hand befreit (§ 3 Abs. 1 Satz 1 GrStG). Befreit ist Grundbesitz, der für gemeinnützige oder mildtätige Zwecke genutzt wird oder den Zwecken von Wissenschaft und Erziehung dient, sowie der Grundbesitz von Krankenhäuser (Katalog des § 3 Abs. 1 Satz 1 GrStG, §§ 4, 5, 6 GrStG). Im Einzelnen ist befreit:

- Grundbesitz inländischer juristischen Personen des öffentlichen Rechts, der für den öffentlichen Dienst benutzt wird (§ 3 Abs. 1 Nr. 1 GrStG),
- Grundbesitz des Verwaltungsvermögens der Bundeseisenbahn (§ 3 Abs. 1 Nr. 2 GrStG),
- Grundbesitz gemeinnütziger Einrichtungen, der diesen Zwecken dient (§ 3 Abs. 1 Nr. 3 GrStG),

- Grundbesitz, der religiösen Zwecken dient (§ 3 Abs. 1 Nr. 4 GrStG), einschließlich der Wohnungen der Geistlichen (§ 3 Abs. 1 Nr. 5 GrStG) und des übrigen Vermögens der Religionsgemeinschaften (§ 3 Abs. 1 Nr. 6 GrStG) und der Gotteshäuser (§ 4 Nr. 1 GrStG),
- Bestattungsplätze (§ 4 Nr. 1 GrStG),
- dem öffentlichen Verkehr dienende Flächen (§ 4 Nr. 3 a) GrStG), Verkehrsflughäfen und Flächen, die dem Flugbetrieb dienen (§ 4 Nr. 3 b) GrStG),
- Grundflächen, die der öffentlich-rechtlichen Wasserversorgung dienen (§ 4 Nr. 4 GrStG),
- Grundbesitz, der für Zwecke der Wissenschaft und des Unterrichts dient (§ 4 Nr. 5 GrStG),
- Grundbesitz, der einem Krankenhaus dient (§ 4 Nr. 6 GrStG).

519 Entsprechend der Zielsetzung des Grundsteuergesetzes, eine Besteuerung unabhängig vom Eigentümer durchzuführen, ist Grundbesitz, der nicht in der Hand von öffentlich-rechtlichen gemeinnützigen Körperschaften steht, auch steuerfrei, wenn dieser im privaten Eigentum befindlich ist und geförderten Zwecken dient. Die Steuerbefreiung tritt jedoch nur ein, wenn der Grundbesitz unmittelbar für den begünstigenden Zweck genutzt wird (§ 7 GrStG). Bei teilweiser Nutzung gilt die Befreiung nur für den entsprechenden Teil (§ 8 GrStG).

III. Steuerschuldner (Steuersubjekt) und Haftung (§§ 10–12 GrStG)

520 **1. Steuerschuldner.** Da die Grundsteuer von dem steuerpflichtigen Objekt abgeleitet wird, muss das Grundsteuergesetz in § 10 GrStG den Steuerschuldner ausdrücklich benennen. Grundsätzlich ist Steuerschuldner der Grundsteuer derjenige, dem die wirtschaftliche Einheit, das Grundstück, der land-und forstwirtschaftliche Betrieb bei der Feststellung des Einheitswertes zugerechnet wurde. Der Bescheid über die Feststellung des Einheitswertes enthält daher neben der Wertfeststellung auch die Feststellung, wem die wirtschaftliche Einheit zuzurechnen ist (§ 19 Abs. 3 Nr. 2 BewG). Diese Feststellung bewirkt die persönliche Steuerschuldnerschaft (§ 184 Abs. 1 Satz 2 AO).

521 a) **Eigentümer** ist diejenige Person, der das Steuerobjekt bei der Feststellung der Einheitswerte zugerechnet wird (§ 10 Abs. 1 GrStG). Die Zurechnung richtet sich nach den Kriterien des wirtschaftlichen Eigentums (§ 39 GrStG). Wird das Objekt mehreren zugerechnet, so sind sie Gesamtschuldner, gleichgültig, ob sie Eigentümer nach Bruchteilen oder Gesamthandseigentümer sind (§ 10 Abs. 3 GrStG).

522 b) **Grundbuchfähige Personengesellschaften**, die Gesellschaftseigentümer sind, werden als eigenständige Grundsteuersubjekte und Steuerschuldner behandelt.

523 c) **Erbbaurechte.** Für ein durch Erbbaurecht belastetes Grundstück ist der Erbbauberechtigte für das gesamte Grundstück (Boden und errichtetes Gebäude) Steuerschuldner (§ 10 Abs. 2 GrdStG). Dies entspricht der Zielsetzung der Grundsteuer als Sollertragsteuer.

524 d) **Nießbrauch.** Für ein mit Nießbrauch belastetes Grundstück (§ 1030 BGB) bleibt der Eigentümer Schuldner der Grundsteuer. Im Innenverhältnis zum Eigentümer hat der Nießbraucher die Grundsteuer zu tragen, das regelt § 1047 BGB und haftet im Außenverhältnis für Grundsteuer nach § 11 Abs. 1 GrStG.

525 2. **Haftung. – a) Persönliche Haftung.** Wird ein Grundstück ganz oder teilweise übereignet, so haftet der Erwerber neben dem früheren Eigentümer für die auf das Grundstück entfallende Steuer nach § 11 Abs. 2 GrStG. Die Haftung ist zeitlich beschränkt auf das vorangegangene und das laufende Kalenderjahr.

526 b) **Gesamtschuldnerische Haftung.** Eine gesamtschuldnerische Haftung besteht nach § 10 Abs. 3 GrStG, wenn der Steuergegenstand mehreren Personen zugerechnet wird. Die Gemeinde kann dann nach § 44 AO von jedem als Gesamtschuldner die gesamte Leistung fordern.

527 Wegen der gesamtschuldnerischen Haftung ist eine Aufteilung des Wertes auf die einzelnen Beteiligten (z. B. der Erben in einer Erbengemeinschaft oder der Miteigentümer bei Bruchteilseigentum) nicht erforderlich (so auch BFH Urt. v 22.2.2001 – II B 39/00 –, BStBl. 2001 II, 476).

528 Die Personengesellschaften des Handelsrechts (OHG, KG) nehmen eine Sonderstellung ein, da sie unter ihrer Firma Grundbesitz erwerben können. In diesem Fall richtet sich der Einheitswertbescheid unmittelbar gegen die Gesellschaft. Eine Haftung ergibt sich dann aus gesellschaftsrechtlicher Verpflichtung (z. B. bei der OHG).

529 **c) Haftung des Nießbrauchers.** Nach § 11 Abs. 1 GrStG haftet ein Nießbraucher neben dem Steuerschuldner. In zeitlicher Hinsicht fehlt im Gesetz eine Begrenzung des Haftungsanspruchs. Für persönlich Haftende gilt Entsprechendes (§§ 37, 38 AO). Damit dürfte der Haftungsanspruch jeweils für das Kalenderjahr gelten an deren Beginn der Nießbrauch bestand.

530 **d) Haftung des Erwerbers für rückständige Steuern** (§ 11 Abs. 2 GrStG). Wird der Steuergegenstand ganz oder teilweise übereignet, haftet der Erwerber neben dem früheren Eigentümer für die Grundsteuer, die für die Zeit seit dem Beginn des letzten Kalenderjahrs vor der Übertragung zu entrichten ist. „Übereignung" ist jede auf einem Rechtsgeschäft begründete Einzelübertragung des (wirtschaftlichen) Eigentums.

531 **Beispiel:** (nach Eisele in NWB Fach 11, 706)
A (Veräußerer) schließt im September 2002 einen Grundstückskaufvertrag mit B (Käufer) ab. Besitz, Nutzen und Lasten gehen ab 1.12.2002 auf B über. Die Eintragung erfolgt erst im Januar 2003.

Das Grundstück ist B bereits auf den 1.1.2003 zuzurechnen, so dass B ab 1.1.2003 Steuerschuldner der Grundsteuer ist. B „haftet" da als „Übereignung" der Übergabezeitpunkt des wirtschaftlichen Eigentums maßgebend ist, für eine etwaige rückständige Grundsteuer des Jahres 2002, der Übereignung, und des davor liegenden Jahres 2001.

532 **e) Haftung nach der Abgabenordnung.** Die Vorschriften der AO über die Haftung für eine fremde Steuerschuld gelten auch für die Grundsteuer (§ 1 Abs. 2 Nr. 2 AO). Danach haften nach den allgemeinen Vorschriften

- der gesetzliche Vertreter und Vermögensverwalter nach § 69 AO,
- der Vertretene nach § 70 AO,
- der Steuerhinterzieher nach § 71 AO.

533 **f) Dingliche Haftung.** Dem Objektcharakter der Steuer entspricht schließlich die dingliche Haftung des Grundstückes. Die Grundsteuer kann als öffentliche Last auch im Wege einer Zwangsverfügung nach § 77 Abs. 2 AO eingetragen werden (§ 12 GrStG).

IV. Steuerberechnung

534 **1. Bemessungsgrundlage (§ 13 GrStG).** Zur Ermittlung der Grundsteuer findet ein dreistufiges Verfahren statt:

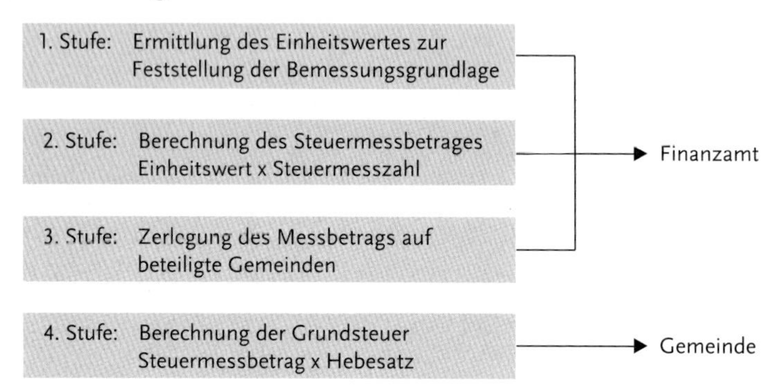

Abb. 13: Berechnungsschritte der Grundsteuer

535 Bemessungsgrundlage für die Festsetzung der Steuer ist der vom Lagefinanzamt nach § 18 AO gesondert festgestellte Einheitswert des Grundbesitzes (§ 13 Abs. 1 Satz 2 GrStG) auf den durch Multiplikation mit der Steuermesszahl der Hebesatz der Gemeinde angewendet wird.

536 **2. Steuermesszahlen.** Die Lagefinanzämter (§§ 22 Abs. 1, 18 Abs. 1 Satz 1 AO) haben nach § 13 Abs. 1 Satz 1 GrStG einen Grundsteuermessbetrag festzusetzen. Dieser ist durch Anwendung eines Tausendsatzes (Steuermesszahl) auf den Einheitswert zu ermitteln, der nach dem Bewertungsgesetz im Veranlagungszeitpunkt für das Steuerobjekt maßgebend ist. Für die alten Bundesländer gelten allgemeine Steuermesszahlen nur unterteilt nach den Grundstücksarten. Für die neuen Bundesländer sind die Messzahlen für bebaute Grundstücke gestaffelt nach der Einwohnerzahl und unterschiedlich nach Alt- und Neubauten.

537 Die für die Hauptfeststellungszeitpunkte per 1.1.1964 für die alten Bundesländer und per 1.1.1935 für die neuen Bundesländer festgelegten Steuermesszahlen sind in nachstehender Tabelle wiedergegeben:

Tab. 18: Steuersätze Grundsteuer

Alte Bundesländer (Einheitswert 1.1.1964)				
Grundstücksart		**Steuermesszahl**		
Land- u. Forstwirtschaft		6,0 ‰		
Unbebaute Grundstücke		3,5 ‰		
Bebaute Grundstücke allgemein		3,5 ‰		
Einfamilienhäuser	bis 38.346,89 €	2,6 ‰		
	restlicher EW	3,5 ‰		
Zweifamilienhäuser		3,1 ‰		
Neue Bundesländer (Einheitswert 1.1.1935)		**Einwohner**		
		bis 25.000	**bis 1 Mio.**	**über 1 Mio.**
Grundstücksart		**Steuermesszahl**		
Land- und Forstwirtschaft		6 ‰		
Unbebaute Grundstücke		10 ‰		
Altbauten allgemein		10 ‰		
Einfamilienhäuser Altbau	bis 15.338,76 €	10 ‰	8 ‰	6 ‰
	restlicher EW	10 %		
Neubauten allgemein		8 ‰	7 ‰	6 ‰
Einfamilienhäuser Neubau	bis 15.338,76 €	8 ‰	6 ‰	5 ‰
	restlicher EW	8 ‰	7 ‰	6 ‰
Altbauten wenn Fertigstellung vor 31.3.1924, Neubauten bei Fertigstellung ab 31.3.1924				

538 Die Festsetzung des Steuermessbetrages durch das Lagefinanzamt korrespondiert mit der gesonderten Feststellung der Einheitswerte. Erfolgt durch einen neuen Einheitswertbescheid eine Wert-, Art- oder Zurechnungsfortschreibung, so hat das Lagefinanzamt auch eine neue Veranlagung, d. h. eine neue Festsetzung des Steuermessbetrages, auf den Feststellungszeitpunkt vorzunehmen (§ 14 GrStG). Entsteht eine wirtschaftliche Einheit neu, führt dies zu einer Nacherstellung des Einheitswertes. Das Lagefinanzamt hat dann einen Messbetrag auf den Nachfeststellungszeitpunkt (Nachveranlagungszeitpunkt) nachträglich festzustellen (§ 18 GrStG). Die Steuermessbeträge werden auf den Hauptfeststellungszeitpunkt (§ 21 Abs. 2 BewG) allgemein festgestellt. Der für diesen Hauptfeststellungszeitpunkt festgestellte Steuermessbetrag bleibt maßgebend, bis ein neuer Einheitswert entweder ein Hauptfeststellungsbescheid oder als Fortschreibung oder Nachfeststellung, bekannt gegeben wird.

539 Erstreckt sich das Steuerobjekt über mehrere Gemeinden, so hat das Lagefinanzamt den Steuermessbetrag durch Bescheid nach § 188 AO auf die beteiligten Gemeinden aufzuteilen. Grundsätzlich geschieht diese Aufteilung anhand der Grundstücksfläche. Einzelheiten regeln §§ 22, 23 GrStG.

540 **3. Hebesatzrecht der Gemeinden (§ 25 Abs. 1 Satz 1 GrStG).** Nach Art. 106 Abs. 6 Satz 2 GG ist den Gemeinden das Recht einzuräumen, die Hebesätze für die Grundsteuer festzusetzen. Dies ist mit § 25 Abs. 1 Satz 1 GrStG geschehen. Die Gemeinden bestimmen die Hebesätze durch Satzung. Die Hebesätze für land- und forstwirtschaftliche Betriebe nach § 2 Nr. 1 GrStG, die vorgenannte Grundsteuer A, ist wesentlich niedriger als die für andere Grundstücke nach der sog. Grundsteuer B.
Die Berechnung der Grundsteuer zeigt nachfolgendes Beispiel.

541 **Beispiel:**
Für ein Einfamilienhaus mit einem Einheitswert von 80.000 DM (40.902,72 €) in einer gemeinde mit einem Hebesatz von 400 wird folgende Grundsteuer ermittelt:

Für die ersten	38.346,89 €	2,6 ‰	99,70 €
Für die restlichen	2.555,83 €	3,5‰	8,95 €
			108,95 €
Hebesatz 400 %			434,58 €

V. Steuerfestsetzung und Steuerentrichtung

542 **1. Entstehung der Steuer.** Während die meisten laufend veranlagten Steuern nach den Ergebnissen eines Veranlagungszeitraums meist eines Jahres in Form der Abschnittsbesteuerung erhoben werden, wird die Grundsteuer für ein Kalenderjahr nach den Verhältnissen am Beginn des Kalenderjahres (nach dem Stichtagsprinzip) erhoben. Änderungen während eines Jahres wirken sich erst auf die Grundsteuer im darauf folgenden Jahr aus.

543 **a) Errichtung und Abriss eines Gebäudes.** Wird z. B. ein Gebäude auf einem bisher unbebauten Grundstück in 2008 errichtet und wird das Gebäude im Februar bezugsfertig, dann ist für 2008 lediglich die Grundsteuer für ein unbebautes Grundstück zu entrichten. Erst ab dem 1.1.2009 wird die Grundsteuer für das bebaute Grundstück erhoben. Umgekehrt ist der Fall, wenn ein benutzbares Grundstück in 2008 abgerissen wird: Hier ist noch für das ganze Jahr 2008 die Grundsteuer nach dem bebauten Grundstückswert zu entrichten.

544 **b) Grundsteuerbefreiung und Wegfall der Grundsteuerbefreiung.** Treten während eines Jahres die Voraussetzungen für eine Grundsteuerbefreiung ein, muss die Grundsteuer noch bis zum Ende des Jahres in voller Höhe entrichtet werden. Andererseits muss die volle Grundsteuer bei Wegfall einer Befreiungsvoraussetzung erst im folgenden Jahr gezahlt werden. Ist die Grundsteuerbefreiung von den Verhältnissen eines Kalenderjahres abhängig, so ist das Kalenderjahr maßgebend, dass dem Stichtag vorangeht.

545 **c) Änderung des Steuerschuldners.** Steuerschuldner für jeweils ein Kalenderjahr ist derjenige, dem die grundsteuerpflichtige Einheit am Beginn des Kalenderjahres nach den Grundsätzen des § 39 AO zuzurechnen ist. Bei einer rechtsgeschäftlichen Übertragung des Eigentums (z. B. Verkauf, Schenkung) bleibt der Eigentümer noch bis zum Jahresende Schuldner der Grundsteuer. Durch eine zivilrechtliche Vereinbarung im Übertragungsvertrag kann vereinbart werden, dass der Erwerber ab Übergabe verpflichtet ist, die Grundsteuer für Rechnung des Übertragers unmittelbar an die Gemeinde zu zahlen.

546 **2. Fälligkeit der Grundsteuer. – a) Erhebungszeitraum** der Grundsteuer ist das Kalenderjahr. Die Grundsteuer ist daher für das Kalenderjahr festzusetzen (§ 27 GrStG). Es ist jedoch nicht erforderlich, dass für jedes Jahr ein neuer Bescheid bekannt gegeben werden muss. Die Grundsteuer kann für einen Zeitraum im Voraus festgesetzt werden, für den gesamten Zeitraum, für den der Hebesatz im Voraus festgesetzt wurde. Der Hebsatz kann für mehrere Jahre festgesetzt werden. Die Grenze bildet der nächste Hauptfeststellungszeitpunkt (§ 25 Abs. 2 GrStG).

547 **b) Fälligkeit.** Die Grundsteuer ist vierteljährlich zu zahlen. Sie ist fällig jeweils am 15.Februar, 15. Mai, 15. August und am 15. November (§ 28 Abs. 1 GrStG). Ausnahmsweise kann die Grundsteuer auch nach anderen Fälligkeiten entrichtet werden: Wenn

- die Steuer nicht mehr als 15 € beträgt, ist der gesamte Jahresbetrag am 15.8. zu bezahlen;
- die Steuer nicht mehr als 30 € beträgt, ist jeweils die Hälfte des Jahresbetrags am 15.2. und 15.8. zu entrichten;
- der Steuerpflichtige einen Antrag auf Zahlung eines Jahresbetrags bis zum 30.9. des Vorjahrs gestellt hat. Die Jahressteuer ist dann fällig am 1.7.

548 c) **Vorauszahlungen (§ 29 GrStG).** Vorauszahlungen auf die Grundsteuer sind zu leisten, wenn bis zur Fälligkeit noch kein Steuerbescheid für das neue Kalenderjahr ergangen ist. Voraussetzung ist, dass eine Grundsteuerpflicht besteht, dass lediglich der Bescheid für das Kalenderjahr noch nicht bekannt gegeben worden ist. Entsteht eine Grundsteuer neu, sind keine Vorauszahlungen zu leisten. In einem solchen Fall ist die Grundsteuer zum nächsten Fälligkeitstag nach der Bekanntgabe des (ersten) Grundsteuerbescheides an nachzuzahlen.

549 Die Vorauszahlungen werden nach dem Erlass des Grundsteuerbescheides abgerechnet. Dabei ist eine Nachzahlung innerhalb eines Monats fällig (§ 30 Abs. 1 GrdStG). Eine Überzahlung wird bei Erlass des Grundsteuerbescheides durch Aufrechnung oder Zurückzahlung beglichen (§ 30 Abs. 2 GrStG).

550 **3. Erlass der Grundsteuer (§§ 32–34 GrStG).** Der Charakter der Grundsteuer als Sollertragsteuer wird besonders deutlich in den besonderen Erlassvorschriften der §§ 32, 33 GrStG. Abweichend von den Vorschriften der Abgabenordnung in den §§ 163, 227 AO gewährt § 32 GrStG einen Rechtsanspruch auf den Erlass. In den §§ 32 und 33 GrStG ist abschließend geregelt, in welchen Fällen ein Erlass wegen sachlicher Unbilligkeit vorliegt.

551 **a) Erlass für Kulturgüter und Grünanlagen** (§ 32 GrStG).Ein dauerhafter, vollständiger Erlass der Grundsteuer ist möglich bei Vorliegen der Tatbestände einer sonst gebotenen Grundsteuerbefreiung. Dies gilt für

- Grundbesitz, dessen Erhaltung im öffentlichen Interesse liegt,
- Grundbesitz, in dessen Gebäuden Kunstbesitz dem Zweck der Forschung oder Bildung nutzbar gemacht wird,
- private Grünanlagen, Spiel- und Sportplätze.

552 **b) Erlass wegen wesentlicher Ertragsminderungen (§ 33 GrStG).** Einen teilweisen Erlass der Grundsteuer sieht § 33 Abs. 1 GrStG vor, wenn der normale Rohertrag um mehr als 20 % gemindert ist, ohne dass der Steuerpflichtige dies zu vertreten hat. In diesem Fall ist die Grundsteuer um 4/5 der prozentualen Rohgewinnminderung zu kürzen. Die Minderung von 4/5 wird damit begründet, dass pauschal 1/5 der Grundsteuer auf den Grund und Boden entfällt, für den ein Erlass ausgeschlossen ist.
Der „normale Rohertrag" entspricht der Jahresrohmiete zu Beginn des Erlasszeitraums, nach § 33 Abs. 1 Satz 3 Nr. 2 GrStG.

553 **Beispiel:**
Die Grundsteuer eines Mietwohngrundstücks beträgt 1.500,00 €. Ein Teil des Gebäudes ist im Mai des laufenden Jahres durch Brand zerstört worden. Der

normale Rohertrag am 1.1. des laufenden Jahres betrug 10.000,00 €. Der nach dem Brand tatsächliche Rohertrag 7.500,00 €

Die Ertragsminderung beträgt: 25 %
(2.500 €/10.000 €)
Zu erlassen sind (nach § 33 Abs. 1 GrStG): 300,00 €
4/5 x (25 % von 1.500,00 €)

554 Der Erlass wird auf Antrag gewährt (§ 34 Abs. 2 GrStG). Für den Antrag gilt eine Ausschlussfrist bis zum 31.3. des auf den Erlasszeitraum folgenden Jahres. Über den Erlass entscheidet die Gemeinde.

555 **4. Anzeigepflicht bei Wegfall der Grundsteuerbefreiung (§ 19 GrStG).** Grundsätzlich ist für die wirtschaftliche Einheit des Grundbesitzes ein Einheitswert festzustellen. Ob und in wieweit der bewertete Grundbesitz von der Grundsteuer befreit ist, wird erst im Verfahren zur Festsetzung des Steuermessbetrags entschieden.

556 Wurde die wirtschaftliche Einheit des Grundbesitzes ganz oder teilweise von der Grundsteuer befreit und sind Änderungen in den Eigentumsverhältnissen oder in der Nutzung eingetreten, hat der Steuerpflichtige, der diese Befreiung in Anspruch genommen hat, dies anzuzeigen. Bei Grundstücksveräußerungen erfolgt die Anzeige durch Vorlage der Veräußerungsmitteilung des beurkundenden Notars. In allen anderen Fällen ist die Anzeige durch den Steuerpflichtigen formlos gegenüber dem Lagefinanzamt vorzunehmen.

557 Ist eine Anzeige nach § 19 GrStG zu erstatten und kommt der Steuerschuldner seiner Verpflichtung schuldhaft (vorsätzlich oder leichtfertig) nicht nach, ist der Tatbestand einer leichtfertigen Steuerverkürzung (nach § 378 Abs. 1 AO) oder einer Steuerhinterziehung (nach § 370 Abs. 1 Nr. 2 AO) gegeben.

558 **5. Erlass im Rahmen der allgemeinen Erlassbefugnis (§ 227 AO).** Die Regelungen der §§ 33, 34 GrStG gewähren bei Vorliegen der Erlassgründe einen Rechtsanspruch auf Erlass. Die allgemeinen Erlassgründe der Abgabenordnung aus Billigkeitsgründen des § 163 i. V. m § 184 Abs. 2, 3 AO sowie § 227 AO bleiben unberührt. Durch die abschließende Aufzählung der Erlassgründe im Spezialgesetz ist aber grundsätzlich ein Erlass aus sonstigen sachlichen Gründen nicht gerechtfertigt, wenn dieser nicht durch das Grundsteuergesetz erlangt werden kann. Es verbleiben dann lediglich noch persönliche Erlassgründe, die für Realsteuern ebenfalls eng begrenzt sind.

Stichwortverzeichnis

Die Zahlenangaben beziehen sich auf die Randnummern des Buches.